オリゲネス
イザヤ書説教

Origenis Homilia

Origenes

監修
関川泰寛

翻訳・解説
堀江知己

日本キリスト教団出版局

序

堀江知己

現代聖書学においては、歴史学的批評学的研究が主流である。資料仮説、伝承史、様式史、編集史などといった研究方法は、最新の聖書学から見ればいささか古典となった研究方法とも言えるが、現代の歴史学的批評学的研究の基礎であり続けている。

歴史学的批評学的聖書研究の本質は、テキスト本文が書かれた時代背景や、社会史、あるいは政治的地理的環境を明らかにすることで、テキストを書いた著者が伝えようとしていることを解き明かすことにある。

これに対してオリゲネスが『イザヤ書説教』で扱うのは、二人のセラフィム（イザ6・1以下）をキリストと聖霊の象徴として理解するような、テキストの字義的意味とは離れた比喩的解釈である。こういった解釈の今日的意味は何か。それがこの「序」の課題である。

オリゲネスが好んだ比喩的解釈（ここではそれを一先ずアレゴリーと呼ばせてもらうが）はテキスト本文に直接書かれ

ていないことを読み込むための聖書解釈の手段である。古来、アレゴリーはいわゆる異端者たちが好む手段であった。彼らはアレゴリーによって独自な解釈を加え、字義的意味を超えたテキスト解釈を行った。時には、異なる解釈の捏造とも言える事態も生じた。現代においても、キリスト教的異端とされる宗派において、そういった現象は起こっている。そして、オリゲネス自身も、アレゴリーによって聖書本文とは異なる危険な思想を言い広めたと弾劾され、紀元六世紀には異端者として断罪されたことも事実である。

なるほど確かに、アレゴリーは聖書を別の聖書に変える危険性を孕んでいる。しかし、逆に捉えれば、聖書から新しい意味を発見し、聖書に新しい相貌を与える程の莫大な力が、そこには秘められているということである。アレゴリーによって解き明かされる聖書解釈には、文字通りに読んでは決して得られない発見の喜びがある。我々にとって、その喜びは、これまで出会ったことのないキリストとの初めての出会いにおいて味わった喜びの再現であるといっても過言ではない。

オリゲネスがアレゴリーによって解き明かした聖書解釈が、果たして異端に属するものなのかどうかは本書巻末の解説で触れるとして、そもそもアレゴリーの第一の目的は、文字通りでは解釈することが難しい不確かな聖書箇所を解き明かすことにあった。たとえば、現代聖書学において、最も読解が困難な箇所の一つとされる「血の花婿」（出4・24―26）や、「悪い羊飼い」（ゼカ11・4―17）などの箇所は、たとえC・ヴェスターマンやW・ツィンマリのような偉大な聖書学者が歴史学的批評学的研究によって、我々を納得させるに足る至極妥当な答えを導き出すことができたとしても、彼らのその解釈を元にして、我々がそこから福音を語ることは至難の業である。一方、アレゴリーによる聖書解釈においては、「花婿」「羊飼い」といったキリストを連想することができる単語さえあれば、そこから福音を語る可能性が開かれていく。

説教者にとって、旧約聖書からキリストを証しすることが大変な作業であることは自明である。旧約の書物を扱った聖書研究会が、その日一度もキリストについて触れることなく終わってしまったことによって襲われる空虚な気持ちを、キリストを証しする教会に仕える教職者たちはこれまで何度も味わってきたことであろう。一方オリゲネスならば、アレゴリーによって、たとえレビ記や雅歌のような書物であっても、その一行ごとに、いや、その一単語ごとに、キリストを証しすることができたのである。

実に、文字通りに理解できないテキストをアレゴリカルに解釈する作業は、近代まで普通に行われていた。たとえばピューリタンは、古代教父たちと同じように、雅歌を寓意的に読むことをしていたのである（松谷好明訳、ジェームズ・I・パッカー『ピューリタン神学総説』一麦出版社、二〇一一年、一二六頁を参照）。現代の雅歌の注解書においても、その緒論において、オリゲネスに始まる寓意的解釈の意義を無視することはできないという事実もある。

一度異端者として葬られたオリゲネスの聖書解釈に対する批判は、オリゲネスが生きた当時からすでに頻繁に起こっていたが、とりわけオリゲネスのアレゴリーによる聖書解釈に対する封じ込め作戦を展開したのはアンティオキア学派であった。詳しくは解説で触れるが、実に、アンティオキア学派によるオリゲネス批判は、その後のキリスト教における聖書解釈の反抗運動と考えることもできる。

アレゴリーを批判するのは簡単である。アレゴリーによる解釈を一笑に付せば済むことだからである。だが、アレゴリーを簡単に拒絶する前に、その理由を理論的かつ神学的に明らかにする必要があるのではないだろうか。一致した信条を守り通すためにアンティオキア学派が数百年もかけてアレゴリーと対決したその情熱と勢いを伴うことなしに、アレゴリーの真の否定も成り立ち得ないのではなかろうか。これらの情熱と勢いなくしてアレゴリーを一笑に付すことは、教会の成長発展と信条の形成に欠かせない存在であった教父たちから逆に一笑に付されるといった対抗手段が講じられるだけである。そこには対話は生まれない。

あるいはまた、普段の何気ない聖書の解き明かしの中に、極めて恣意的なアレゴリーを用いている自分がいないかどうか、よく吟味する必要があるのではないだろうか。たとえば、以前わたしはある現代の注解書の中に、「命のパン（ヨハ６・35）なるイエスが生まれた家が、『パンの家』を意味するベツレヘムにあったことは大変意義深い」といった記述を見出した。説教者ならば誰でも、この解釈をそっくりそのまま借用したくなる誘惑に駆られることだろう。しかし、以上の解釈は、テキストをまさに寓意的に解釈したアレゴリーによる解釈である。

テキスト本文とは恣意的な関係にある聖書解釈は、教会に集って賛美する者全員と無縁ではない。たとえば、「聖なる、聖なる、聖なるかな、三つにいまして、一つなる」（讃美歌第六六番、日本基督教団讃美歌委員会編『讃美歌』日本基督教団出版局）は、三位一体の教義を歌詞に載せる名曲である。この歌詞は黙４・８のパラフレーズを基に作成されたものであるらしいが（日本基督教団讃美歌委員会編『讃美歌21略解』日本キリスト教団出版局、一九九八年、二二三頁を参照）、黙示録のこの箇所は、明らかにイザ６・１以下を意識している。それはともかく、黙４・８のテキスト本文は、決して三位一体の教義を告げている文脈には位置しない。だとすれば、「聖なる、聖なる、聖なる」との三回にわたる詠唱から三位一体の神を賛美することさえも、一つの比喩的解釈に則ってのことなのである。我々は誰でも、「聖なる、聖なる、聖なる」との唱和から三位一体の神を連想する。それはオリゲネスも同様であった。オリゲネスは、黙示録の著者が引用したところのイザヤ書６章に三位一体の神を見出し、アレゴリーによって、そのテキストから御子キリストによる贖いを力強く大胆に説教したのである。その説教は実に見事であり、実に印象深い。

どのような説教が優れた説教であろうか。わたしは、そのメッセージが聴衆の印象に強く残る説教であると思う。それは、そのメッセージを後で思い起こすことができるということであり、さらに、心に刻まれた印象を元に、そのメッセージを自分で絵画に描くことができるということでもある。

わたしは、オリゲネスのイザヤ書説教一を聞いて受けた印象を、はっきりと描写することができる。祭壇から火鋏で取ったところの炭火を御手に持って、御手に残された十字架の御傷さながらの、火傷といった痛みを少しも顧みることなく、自分の元に贖いのための愛の炎を飛んで持ってきてくれるセラフィムなるキリストの光輝く顔、そのセラフィムと相対するには、あまりにも自分の罪が大なるゆえに、恐れと畏敬と、深い驚きと感激をもって眼差しを向ける預言者イザヤの姿を、わたしは絵画に描くことができる。そして、それが可能なのは、オリゲネスの説教が、聞く者自らが絵に描いて人に示すことができる程の強い印象を残すメッセージを持っているからだと思う。

しかし、イザヤ書6章のテキスト本文そのものには、キリストはおろか、三位一体の神のことも明らかな形で言及されているわけではない。つまり、オリゲネスのアレゴリーによる解釈は、元々のテキストを字義通り読むだけでは決して得ることができない、畏れと感動と喜びを伴う福音を生み出すことができる大きな力があるということなのである。その力は、単純などこにでもあるような街角の一つの風景を、世界有数の絶景として目の前に登場させることができるような奇跡の力である。そのような偉大な力を秘めているアレゴリーによる聖書解釈は、我々が自身の体験や例話によってテキストを解き明かそうとすることによっては決して到達できない境地に達することができるだけでない。アレゴリーによる比喩的聖書解釈には、無から宇宙万物を創造した三位一体の神を証しするために、聖書の字義通りの読み方から、いや、神の言葉としてのテキスト本文における一点一画からでさえも、そこから大いなる福音を創造できる偉大な力と限りない可能性が眠っている。そして、その力と可能性とを、我々はオリゲネスの著作から発掘するのである。

目次

装丁　岩崎邦好

凡例

一　本書は、Eingeleitet und übersetzt von Alfons Fürst und Christian Hengstermann, *Origenes Band 10 - Werke mit deutscher Übersetzung - Die Homilien zum Buch Jesaja* (Berlin: De Gruyter, 2009) に掲載された *Die Griechischen Christlichen Schriftsteller* (GCS), *Origenes 8* の中に含まれている、ヒエロニムスのラテン語訳によるオリゲネス『イザヤ書説教』の翻訳である。なお翻訳に際して、同書に対訳として掲載されている Fürst と Hengstermann によるドイツ語訳を参照した。

二　同書の付録として掲載されているオリゲネス『イザヤ書注解』の断片も併せて訳した。

三　オリゲネスが用いていた聖書テキストは主に七十人訳聖書である。各々の説教の始めに七十人訳聖書の日本語訳を掲載した。ただし、オリゲネスの説教の中で引用される聖書テキストは、必ずしも現行の七十人訳聖書と同一とは限らないため、参考までにすぎない。七十人訳聖書テキストとして、A. Rahlfs, *Septuaginta* (Stuttgart: Deutsche Bibelgesellschaft, 1935, Editio altera ed. by R. Hanhart, 2006) を用いた。その際に *Septuaginta Deutsch*

-*Das Griechische Alte Testament in deutscher Übersetzung* (Deutsche Bibelgesellschaft, 2009) を参照した。

四　翻訳にあたって、「そして（et）」等の接続詞や助詞など、日本語訳を読む上ではかえって妨げになると思われたものは所々省略した。また、あまりに長い文は適当と思われるところでその都度区切った。

五　聖書の各書の表記は『聖書　新共同訳』（日本聖書協会）に準拠した。本書において、聖句表示の際に使用した各書の省略は以下の通り。

〈旧約聖書〉

創世記（創）　出エジプト記（出）　レビ記（レ）　民数記（民）　申命記（申）　ヨシュア記（ヨシュ）　列王記上（列上）　列王記下（列下）　歴代誌下（歴下）　ヨブ記（ヨブ）　詩編（詩）　箴言（箴）　コヘレトの言葉（コヘ）　雅歌（雅）　イザヤ書（イザ）　エレミヤ書（エレ）　ダニエル書（ダニ）　ヨエル書（ヨエ）　ヨナ書（ヨナ）　ミカ書（ミカ）　ゼカリヤ書（ゼカ）　マラキ書（マラ）

〈新約聖書〉

マタイによる福音書（マタ）　マルコによる福音書（マル）　ルカによる福音書（ルカ）　ヨハネによる福音書（ヨハ）　使徒言行録（使）　ローマの信徒への手紙（ローマ）　コリントの信徒への手紙一（コリ一）　コリントの信徒への手紙二（コリ二）　ガラテヤの信徒への手紙（ガラ）　エフェソの信徒への手紙（エフェ）　フィリピの信徒への手紙（フィリ）　コロサイの信徒への手紙（コロ）　テサロニケの信徒への手紙一（テサ一）　テモテへの手紙一（テモ一）　テモテへの手紙二（テモ二）　テトスへの手紙（テト）　ヘブライ人への手紙（ヘブ）　ペトロの手紙一（ペト一）　ヨハネの手紙一（ヨハ一）　ヨハネの黙示録（黙）

六　（　）で括られた箇所は訳者が補った。校訂作業の成果として、説教本文に引用されている聖書の言葉の引用箇所を把握することができる。必要最低限の聖書テキスト引用箇所を示す――例：（イザ６・１）――括弧を原文に挿入したが、ほとんどの聖書テキスト引用箇所はその都度注に示すことにした。

イザヤ書説教

オリゲネス

説教一 ——イザヤ書6章1—7節

「そして、ウジヤ王が死んだ年のことである。わたしは高き御座に主が座っておられるのを仰ぎ見た」（イザ6・1）。

第一の幻[1]

6・1そして、ウジヤ王が死んだ年のことである。わたしは高く上げられた御座に主が座っておられるのを仰ぎ
見た。そして、その家は主の栄光で満たされた。2そして、セラフィム[2]がそのお方のまわりに立っていたが、一
人のセラフィムは六つの翼を持っていて、もう一人のセラフィムも六つの翼を持っていた。そして、セラフィム
は（それぞれ）二つの翼によってその顔を覆っていて、（それぞれ）二つの翼によってその足を覆っていて、（それ
ぞれ）二つの翼によって飛んでいた。3さらに、セラフィムはお互いに呼び交わして言っていた。「聖なる、聖
なる、聖なる万軍の主。全地は主の栄光で満たされた」と。4すると、この（セラフィムの）叫び声によって敷
居[3]は立ち上がり、その家は煙で覆われた。5そして、わたしは言った。「ああ、わたしは災いだ。なぜなら、わ
たしは失われた者だから[4]。なぜなら、わたしは一人の人間で、汚れた唇を持っていて、汚れた唇を持つ民の中に

住んでいるから。なぜなら、わたしの目は王なる万軍の主を仰ぎ見てしまったから」。6すると、セラフィムの
一人がわたしのところにやって来たが、その手は火鋏で祭壇から取った炭火を持っていた。7そして、そのセラ
フィムはわたしの口に触れて言った。「見よ、これがあなたの唇に触れたので、これはあなたの咎を取り去り、
あなたの罪を取り除くだろう」と。

（七十人訳イザ6・1―7[5]）

1　ウジヤ王が生きていた間、預言者イザヤは幻を見ることができませんでした。なぜならそれは、ウジヤが主の御目に悪とされることを行い、神の掟に記された神の御心に反することを行っていた罪人であったからなのです。ウジヤが神殿と（神殿の中の）至聖所に入り込んだことによって、彼の額はレプラに冒されてしまいました。よってウジヤは共同体から隔離されてしまい、不浄な人たちの一人と数えられるに至ってしまったのです[6]。わたしたちが神の幻を見ることができるためには、ウジヤ王のような魂の支配者には死んでもらわねばならないのです。というのは、次のように書かれていることには理由がないわけではありません。――「そして、ウジヤ王が死んだ年に、わたしは主を仰ぎ見た」（イザ6・1）。わたしたちは皆、自分の中に一人のウジヤ王、あるいは一人のファラオが生きているのです。そして、わたしたちがエジプトにおける奴隷の仕事をしている間は、わたしたちはうめき声を上げてはいないのです。しかし、ウジヤやファラオが死んだその時こそ、うめき声を上げます。そのことは出エジプト記に書かれてある通りです[7]。ウジヤが生きていれば、わたしたちは神の栄光[8]を仰ぎ見ることはできません。逆に、ウジヤが死んだ時に、（しかも）彼が死ぬや否やたちどころに、わたしたちは神の栄光を仰ぎ見ることができるのです。わたしたちの中に御言葉が、つまり、怒り（といったようなもの[9]）ではなく、「しかし、わたしはこのお方によって王として立

たせられた[10]」と告げた御言葉[11]のご支配が広く行き届きさえすれば（、わたしたちは神の栄光を仰ぎ見ることができるのです）。（御言葉は王であられるの）ですが、ウジヤもまた一人の罪の王なのです。そういったことを知っていた使徒は言っています。――「それゆえ、あなたがたの死ぬべき体を罪に支配させてはなりません[12]」。ウジヤのような王に身を引き渡して、神の国を軽んじ快楽に耽っているような罪に支配された人間は、何と哀れむべき姿であることでしょう。快楽を愛する人は、神を愛する人ではありません。使徒の言葉はそういった人たちについて言及しています。――「彼らは神よりも快楽を愛する[13]」。これらの言葉は全く信仰を持たない人について言っているのではありません。むしろ（教会の）内部に留まりながら、しかも「神よりも快楽を愛し、信心を装いながら、それでいて信心の力を否定する人たち[14]」について言及しているのです。以上、ウジヤ王の死についてでありますが、預言者（イザヤ）が言っている通り、ウジヤ王が滅んだ後に彼は一つの幻を見たということなのです[15]。

それにしても、それはどのような幻であったのでしょう？「わたしは高く上げられた御座に主が座っておられるのを仰ぎ見た」（イザ６・１）とあります。主を仰ぎ見る者が皆、高く上げられた御座に座っておられる主を仰ぎ見るのではありません。わたしの知るところによれば、もう一人の別の預言者も主を仰ぎ見ましたが、この預言者は御座に座しておられる主を仰ぎ見たのであって、高く上げられた御座に座っておられる主を仰ぎ見たのではありませんでした。聖書を論述しつつ[16]、ダニエルは言っています。――「王座が据えられた[17]」。そして、その座は高い御座というものではなかったのです。あるいはまた、――「わたしは行って、この民を裁くためにヨシャファトの谷に座ろう[18]」。主はここで一つの谷に座られるのですが、裁きを行い、判決を下されるために一つの谷に座られるのです。しかし（これらのことに対して）、高く上げられた御座の上に座っておられる主を仰ぎ見るということは、場合が異なっているのです。またミカ書によれば、神は（御座から）出られ、降って来られるのです[19]。さらに、ソドムを視察されるために神は降って来られるのです。このお方は言っておられます。――「わたしは降って行き、彼らの行いが、わたしに届いた叫びの通りかどうか見てみよう」[20]。要するに、ある時には高く、ある時には低く、（神の）お働きの状況に応じて、人は神を仰ぎ見るのです。こういうわけで、「わたしは高く上げられた御座に主が座っておられるのを仰ぎ見た」[21]とイザヤは言っているのです。もしこのわたしが、ここ（地上）にいる人たちを支配されている神を仰ぎ見るのならば、わたしは高く上げられた御座に座っておられる神を仰ぎ見ることはないでしょう。（逆に、）もしこのわたしが天の諸々の力を支配されている神を仰ぎ見るのならば、わたしは高く上げられた御座に座っておられる神を仰ぎ見ることになるでしょう。わたしが（今）言ったところの天の諸々の力とは何のことでしょうか？「王座も主権も、支配も権威も」[22]といったものが、天の諸々の力のことです。よって、もし御言葉によって[23]天の諸々の力を支配されているこのお方をわたしが仰ぎ見ることができるのなら、わたしは高く上げられた御座に座っておられる主を仰ぎ見たことになるのです。

「そして、その家（神殿）は主の栄光で満たされた」（イザ6・1）。このお方（主）の御座は高く上げられ、その高みにおいて、その家は主の栄光によって満たされました。わたしは思うのですが、主の栄光によって満たされていたその家は、地上に存在するところのものではありません。「地とそこに満ちるものは主のもの」[24]（と言われております）。しかし、あなたは今現在、神の栄光が満ちている様を見出すことはできないでしょう。けれども、もし誰かが神のために一つの神殿を建設するのならば、その人は神の栄光を仰ぎ見ることができるでしょう。さらに、もし（聖書で）言われたことを守るのならば、神の栄光によって満ちているその家を見ることができるでしょう。しかし、わたしには確信がありません。そのような仕方でその家が栄光に包まれるようになるのかどうかを。レビ記において、――（この書物に関して）今日は扱うことはできませんが、次の集会（礼拝）において[25]、神がそうさせてくださるのならば――主の栄光を仰ぎ見るためになされるべきことに対するご指示を主が与えてくださっておられますから、そのご指示についてわたしたちは読むことができると思います。何もなされないところには、神の栄光は決して現れません。

（次の集会において聖書が）朗読された際に、わたしたちはそのことを理解するでしょう。[26]

2「そして、セラフィムがそのお方のまわりに立っていたが、一人のセラフィムは六つの翼を持っていて、もう一人のセラフィムも六つの翼を持っていた」（イザ6・2）。わたし（イザヤ）は二人のセラフィムを見ておりますが、二人のセラフィムそれぞれが六つの翼を持っていて、さらに翼の配列は以下の通りなのです。「そして、（それぞれ）二つの翼によって、二人のセラフィムはその顔を覆っていた」。――セラフィム自身の顔ではないのです。神の御顔を覆っていたのです。「（それぞれ）二つの翼によって、二人のセラフィムはその足を覆っていた」。――セラフィム自身の足ではありません。神の御足を覆っていたのです。[27]「（それぞれ）二つの翼によって、二人のセラフィムは飛んでいた」（イザ6・2）。こう書かれていることは、一見矛盾しているように思われます。なぜなら、もし二人のセラフィムが立っていたのならば、飛ぶことはできなかったはずですから。しかし、確かにそう書かれているのです。「二人のセラフィムはそのお方のまわりに立っていて、一人のセラフィムは六つの翼を持っていて、もう一人のセラフィムも六つの翼を持っていた。そして、（それぞれ）二つの翼によってその顔を覆い、（それぞれ）二つの翼でその足を覆い、（それぞれ）二つの翼で飛んでいた。さらに、二人のセラフィムはお互いに呼び交わしていた」（イザ6・2以下）と。この二人のセラフィムは神のまわりを取り囲みながら、一つの同じ認識理解でもって言っています。――「聖なる、聖なる、聖なる」（イザ6・3）！――（こう叫んでいた）二人のセラフィム自身もまた聖なる者であるがゆえに、二人のセラフィムは三位一体[28]の秘義を保っているのであります。世に存在するいかなるものにおいても、これらのお方よりもさらに聖なるものなど存在いたしません。また、セラフィムは「聖なる、聖なる、聖なる！」と、ただ単にお互いに呼び交わしているだけではないのです。大きな呼び声をもって、すべての人が救いに与るための告白を表明しているのです。この二人のセラフィムは誰なのでしょうか？　我が主イエス[29]と聖霊[30][31]です。

二人のセラフィムは神の御顔を覆っていました。なぜなら、神の起源は知ることができないからです。[32]では御足について言えば、どのようなものが、わたしたちの神における終わりとして理解されるのでしょうか？　人は中間のものごとのみ見る（理解する）ことができるのであって、以前にあったものは、わたしの知るところではありません。（現在）存在しているものから、わたしは神を認識できるのです。未来のことは、それはやがて存在することになるだろうものなのだから知ることはできないのです。「（それを）誰が彼に告げ知らせたのか？」[33]とコヘレトも言いました。（そして）イザヤも、「最初のものと、起こり得る終わりのものをわたしに告げてみよ。そうすれば、あなたがたは神々であるとわたしも言うことにしよう」[34]と言いました。よって、もし誰かが過去とか終わり（の日）のことを言うことができるのなら、その人自身が神であるのです。一体、セラフィムの他に誰が言うことができましょう？[35]　セラフィムの他に誰が言えるでしょうか？　「聖なる、聖なる、聖なる！」と。しかし、二人のセラフィムは神の一部分以上のもの、[36]すなわち、いわば神の中間であるところは覆わずに明らかにさせたまま互いに呼び交わしていたのですが、その際に、神の傍に立って叫んでもいました。――「聖なる、聖なる、聖なる！」[37]　二人のセラフィムは立ちつつ動いています。神について告げ知らせる際に、神の傍に立ちつつ動いているのです。覚えておくべきこととして、二人のセラフィムは神の御顔と御足を覆っているわけですが、覆われているところのもの（神）を動かしているのではなく、飛んでいるものを覆っているのではないということです。そして（その際）、二人のセラフィムは言っています。――「聖なる、聖なる、聖なる万軍の主。全地は主の栄光で満たされた」（イザ６・３）。我が主イエス・キリストの到来が告げ知らされております。[38]　したがって今、全地は主の栄光で満ちています。（いえ、）少なくともまだ満ちてはおりませんが、しかし、主ご自身がわたしたちに対し、以下の言葉をもって御父に祈るように命じられたその祈りが叶えられた時には、全地は主の栄光で満ちることになるでしょう。[39]――「あなたがたが祈る時にはこう言いなさい。『天におられる我らが父よ、あなたの御名が崇められますように！　あなたの御国が来ますように！　天におけるように地の上にも、あなたの御心が行われますように！』[40]」　現在に至るまで、御父の御心は天においてなされているのであって、地においてはいまだなお完全には果たされてはおりません。イエスご自身も、肉を身にまとわれたことによる（ご自身の）救済のお働きに関することで、こう言われました。――「父はわたしに天と地の一切の権能をお委ねになった」[41]。（御父が御子に一切の権威をお委ねになったのは、）天で所有しておられた権能をこのお方（御子）が地上では所有しておられなかったからではなく、あるいは、ご自分の（民の）ところにやって来られた[42]このお方が、この世界から何かを受け取られるためであったからでもありませんでした。けれども、天において人が神を信じていたように[43]、地においても人が神を信じることができるようになったという点において、人となられたキリストはある一つの権威を受け取られたのです。この権威はキリストが（受肉）以前に持っておられなかった権威であり[44]、さらに今現在も、キリストは地上におけるすべてのものに対してはこの権威を行使なさってはおられないのです。なぜなら罪を犯す人たちが（地上に）いて、主はそのような人たちをまだ支配されてはおりません。しかし、すべての者がキリストの前にひざまずく時が来れば、これらのすべてのものに対してもキリストは支配を及ぼされ、その時にはキリストの権威は遍く行き渡り、キリストは巡り歩かれてすべての者をご自身に従わせられることになるのです[45]。しかし、（今なお）多くの者がキリストに従おうとはせず、むしろ今なおキリストの敵に従ったままなのです。わたしたちは言おうではありませんか。「わたしの魂は神に従うべきではないのか？　このお方のもとにわたしの救いはあるのだから[46]」と[47]。

3　「そして、二人のセラフィムは二つの翼をもって飛んでいて、互いに呼び交わしていた。――『聖なる、聖なる、聖なる万軍の主。全地は主の栄光で満たされた』。すると、この（二人のセラフィムの）叫び声によって、――すなわち、イエス・キリストの御声と聖霊の御声によって、――（神殿の）敷居は立ち上がった」（イザ6・2―4）。わたしたちの誰かがイエス・キリストの御声と聖霊の御声が叫ばれているのを聞くならば、その時には敷居は立ち上がり、しかも、（イザヤの目の前で）敷居が立ち上がった時よりも、さらに、「城門を、あなたがたの（門の）頭を高く上げよ。とこしえの門よ、あなたがたは高められよ。栄光の王が入城される」[48]と言われた時よりも、敷居は立ち上がることになるのです。[49]

4「そして、その家（神殿）は煙で覆われた」（イザ6・4）。（祭壇の）火が沈んだことによって、家全体が（煙で）覆われたのです。煙は火から上がった蒸気でした。「そして、わたしは言った。――『ああ、わたしは災いだ。なぜなら、わたしは失われた者だから。なぜなら、わたしは一人の人間で、汚れた唇を持っているから』」（イザ6・5）。イザヤが自分自身をへりくだらせていたのだとは、わたしには思えません。彼は真実を語っているのです。そして聖書の証言によれば、イザヤの唇は彼の罪を消すために遣わされた一人のセラフィムによって清められるのです。[50]この一人のセラフィムこそ、わたしたちの罪を滅ぼしてくださるために御父から遣わされた我が主イエス・キリストなのです。このお方は言われます。――「見よ、わたしはあなたの咎を取り去り、あなたの罪を取り除いた」（イザ6・7）[51]。ああ、天の祭壇から火鋏がわたしのところに届けられて、わたしの唇に触れてくれたらよいのに！もし主の火鋏がわたしの唇に触れたのならば、わたしの唇は清められるでしょう。[52]そして、もし火鋏がわたしの唇を清めてくれれば、悪徳から切り取られて自由になって、――そのことはわたしたちが最近語ったことですが[53]――わたしは神の言葉に対して口を開くことができ、（そして）もはや、「なぜなら、わたしは一人の人間で、汚れた唇を持っていて、汚れた唇を持つ民の中に住んでいるから」（イザ6・5）といったような汚れた言葉[54]がわたしの口から出てくることはないのです。遣わされた一人のセラフィムは預言者の唇を清めました。けれどもこの民の唇は清めませんでした。イザヤ自身認めていたのです。自分が汚れた唇を持っていて、汚れた唇を持っている民の中に住んでいることを。[55]しかし、遣わされたセラフィムにとって、この民は唇を清められるに相応しい人たちではありませんでした。よって、この民は今も相変わらず不信心で、今も相変わらず我が主イエス・キリストを拒絶し、今も相変わらず汚れた唇でこのお方を誹謗しているのです。[56]しかしこのわたしは、セラフィムがやって来てくださり、わたしの唇を清めてくださるようにと祈っています。

5 「そして、わたしの目は王なる万軍の主を仰ぎ見た」（イザ6・5）。ここでユダヤ人たちの伝承に触れておくべきでしょうか？ それ（この伝承が伝えていること）は確かにあり得たことですが、しかしそれは真実ではないでしょう。またどうしてその問題をわたしたちが解くことができないということがあるでしょうか？（つまり）彼らが言うことには、イザヤは律法を犯したという理由で、また、彼の告知が聖書から逸脱するものであったという理由で、彼は当時の民によって鋸で挽かれてしまったのでした[57]。すなわち聖書は言っています。――「わたしの顔を見る者は誰でも生きていることはできない[58]」。しかし、イザヤは言っているのです。「わたしは万軍の主を仰ぎ見た[59]」と。モーセは見なかったと言われていますが、ではしかし（イザヤよ）、あなたは見たというのですか？ だからこそ彼らはイザヤを鋸で挽き殺し、冒瀆者としての判決を下したのか。いや、彼らは知らなかったのだ。二人のセラフィムがそれぞれ二つの翼で神の御顔を覆っていたということを[60]。「わたしは主を仰ぎ見た[61]」（とありますが）、もしイザヤが神の御顔を仰ぎ見たのならば、モーセもまた見たのです。モーセは神の後ろ姿を見たのですが、それは聖書に書かれている通りです[62]。とはいえ、たとえ神の御顔を仰ぎ見たのではなくとも、モーセも主を仰ぎ見たのです。神の御顔を仰ぎ見たのではありませんでしたが、イザヤもまた神を仰ぎ見たのです。したがって、彼らが預言者（イザヤ）に対し、（神を見たという理由で）有罪の判決を下してしまったのは正しいことではなかったのです。

「『そして、わたしの目は王なる万軍の主を仰ぎ見た』。すると、セラフィムの一人がわたしのところにやって来た」（イザ6・5以下）。我が主イエス・キリストの到来は、主が（受肉の際に）地上へ降りて来られた時だけではありません。イザヤのもとにも主はやって来られたし、モーセのもとにも、この民のもとにも、それぞれの預言者のもとにも、主はやって来られたのです。あなたも心配しないでくださいね。たとえもう主が（御父のところに）戻ってしまわれたとしても、主はもう一度やって来てくださいますから。なぜなら、主が肉となられ（地上を生きられ）た時の以前にも、主はやって来られたのですから。主ご自身を証人として受け入れなさい。このお方ははっきりと言われました。——「エルサレム！　エルサレム！　お前は預言者たちを殺し、お前のもとに遣わされた人たちを石で打ち殺している。わたしはどれほどお前の子供たちを呼び集めようと望んだことか」（マタ23・37）！「どれほどわたしは望んだことか」（と言われているのです）。「わたしが訪れているこの時にだけ、わたしはお前を訪れた」と言われているのではありません。そうではなく、「どれほどわたしは望んだか」とこのお方は言われているのです。このお方はそれぞれの預言者の中に臨在しておられました。「わたしは預言者たちを通して語っていたキリストである」と、（この言葉「マタ23・37」を通して）この方は言われていたのです。だから、どうかあなたも心配しないでくださいね！今もイエス・キリストはやって来てくださるのですから。このお方は嘘をつかれません。「わたしは世の終わりまで、いつもあなたがたと共にいる」と、このお方は言ってくださいました[63]。このお方は嘘をつかれません。「二人、三人がわたしの名によって集まる所には、わたしもその者たちと共にいる[64]」。それゆえ、イエス・キリストは傍にいてくださって、わたしたちを助け、わたしたちのために大祭司として御父に執り成そうとしてくださっておられます[65]。だからわたしたちは立ち上がって、このお方を通して、御父に献げものを献げましょう！　このお方こそ「わたしたちの罪のための償いのいけにえ[66]」であられます！　このお方に、栄光と力とが世々限りなくありますように、アーメン[67]！

説教二 ——イザヤ書7章1—16節

「見よ、おとめが胎にみごもるであろう」（イザ7・14[1]）。

7・1 ユダの王ウジヤの孫であり、ヨタムの子であるアハズの治世に、アラムの王レツィンとレマルヤの子であ
るイスラエルの王ペカが攻撃するためにエルサレムに上って来たが、しかし、彼らはエルサレムを包囲すること
はできなかった。2 そして、ダビデの家にアラムがエフライムと手を組んだという知らせが伝えられた。アハズ
の心も、彼の民の心も、あたかも藪の中の木が風に揺れ動くように動揺した。3 そして、主はイザヤに言われた。
「行って、——あなたとあなたの息子『生き残ったヤシュブ』よ——布さらしの野に至る上の道の池でアハズと
会い、4 そして彼に言え。『落ち着け、恐れることはない。お前の心はこれらの二本の燃えて煙っている木のた
めに弱気になってはならない。なぜなら、わたしの激しい怒りが放たれれば、わたしは再び癒すからである。
5 アラムの子とレマルヤの子はお前に対して悪い謀を企んで、6「我々はユダヤに上って行き、交渉によって彼
ら（ユダの人々）を（アハズに対し裏切らせて）我々の味方にしよう。そして、（アハズに代わって）タベアルの子

を王として立てよう」と言っていた。7 そこで万軍の主はこう言われる。「この企みは実現せず成就することは
ない。8 しかし、アラムの頭はダマスコであり、――しかし六五年経てば、エフライムの支配はこの民から離れ
るだろう。――9 エフライムの頭はサマリアであり、サマリアの頭はレマルヤの子である。だから信じなければ、
あなたがたも理解することはないであろう」』と」。
10 そして、主[2]は語られ続けてアハズに言われた。11「深きところあるいは高きところに、あなたの主なる神にし
るしを請い求めよ」。12 するとアハズは言った。「わたしは主に請い求めたりはしないし、主を試みたりはしない」。
13 そして、主は言われた。「さあ聞け、（あなたがた）ダビデの家の者よ。あなたがたにとって、人間に戦いを仕
掛けることは小さなことではないのか？　なぜ主に対しても戦いを仕掛けるのか？　14 それゆえ、主ご自身があ
なたがたにしるしをお与えになるだろう。見よ、おとめが胎にみごもり、男の子を産むだろう。そして、あなた
はその子の名を『インマヌエル』と呼ぶだろう。15 凝乳と蜂蜜をその子は食べるだろう。その子が悪を学びそれ
を選択するようになる前に、その子は善を選び取るだろう。16 なぜなら、その子が善と悪を識別する前に、その
子は悪を拒んで善を選び取るからである。そして、あなたが二人の王たちの前で恐れているこの土地は見捨てら
れるだろう」。

（七十人訳イザ7・1―16）

1　深きところ、あるいは高きところに[3]しるしを請い求めるよう命じられた時、（返答の）言葉に関していえば、アハズは謙虚に振る舞いました[4]。そして、しるしを請い求めない訳を説明する際に、彼は確かに言ったのです。「わたしは主に請い求めたりはしないし、主を試みたりはしない」（イザ7・12）と。しかしこの謙虚な返答のために、彼

は非難されて次のように言われてしまいました。――「さあ聞け、ダビデの家の者よ。あなたがたにとって、人に労苦を与える[5]ことでは十分ではないというのか？　なぜ主に対しても労苦を負わせようとするのか？」（イザ7・13）続いて次の約束が語られています。――「それゆえ、主ご自身があなたがたにしるしをお与えになるだろう。――『見よ、おとめが胎にみごもり、男の子を産むだろう。そして、あなたはその子の名をインマヌエルと呼ぶだろう』」（イザ7・14）。以上の言葉は解き明かされる必要があります。そしてその他のことも、明らかにされるように神の恵みも追い求めながら考察していきましょう。

　アハズはしるしを請い求めるよう命じられました。しかも、彼自身のためにそうするよう命じられたのです。聖書には確かにこう書かれています。――「あなたのために、深きところあるいは高きところに、あなたの主なる神にしるしを請い求めよ」（イザ7・11）。（アハズに）差し出されたそのしるしは、我が主イエス・キリストのことです。それは深きところ、あるいは高きところに請い求めるようアハズが命じられたしるしであります。（つまり、）深きところとあるのは、深きところへ降って来られるお方ご自身がそのしるしであられるからなのです。一方、高きところとあるのは、諸々の天の上に昇られるお方ご自身がそのしるしであられるからなのです[6][7]。しかし、もしこのお方の深きところと高きところについての秘義が、このわたしと関わりないものであるならば、（アハズに）差し出されたところの、深きにいまし高きにいます我が主イエス・キリストといったそのしるしは、わたしにとって何の意味もないものであるのです。つまり、このわたしが深きにいまし高きにいますキリスト・イエスについての秘義を受け取った際には、主のお言葉通り、わたしはそのしるしをいただくことになるでしょう。そして、自分自身の中にその「深きところ」と「高きところ」（といったしるし）を持つ者となったわたしは、次のように言われることでしょう。――「心の中で言ってはなりません。『誰が天に昇るだろうか？』と。それはキリストを引き降ろすことなのです。また、『誰が陰府に降るだろうか？』とは言ってはなりません。それはキリストを死者の中から引き上げることなのです[8]」。「あなたの口とあなたの心に、あなたの言葉[9]はとても近くにある」[10]。それゆえ、深きところと高きところに主なる神が与えてくださるこのしるしが、わたしたちにとって役立つものとなるために、わたしたちは皆、このしるしを請い求めるよう命じられているのです[11]。しかし、もし理性的な考察によって理解する者ならば、その人は次に言われていることを理解するはずです。つまり、「深きところと高きところにおいて」という言い方は、（深きところか）あるいは（高きところのどちらか一方）、という意味で言われているのではありません。すなわちそれは、どちらであっても（求めることが）可能だということなのです[12]。「あなた自身のために、深きところと、そして高きところに、主にしるしを請い求めよ」（という意味なのです）。また、ある約束（に関する箇所）において[13]、使徒は言いました。――「深さと、高さと、広さと、長さとは何なのか、わたしたちが知るために」[14]。「すると、アハズは言った。『わたしは請い求めない』と」（イザ7・12）。彼は不信仰な人でした。だから主は（彼に対し）言われたのです。「あなた自身に対し、請い求めよ」（イザ7・11）と。しかし今日に至るまで、この民（ユダヤ人）はしるしを請い求めようとはしません。そのために彼らはこのお方を所有してはいないのです。そして、この民は主に対し労苦を負わせ、我が主イエス・キリストを受け入れてはおりません。

　さらに別の問題が生じます。というのは、アハズが言っているからです。「わたしは主に請い求めたりはしないし、主を試みたりはしない[15]」と。そして彼は、かりにしるしを請い求めるのならば、それが誘惑（に負けたこと）であるかのようにみなしていたので、次のように言われています。――「さあ聞け、ダビデの家の者よ。あなたがたにとって、人に労苦を与えることでは十分ではないというのか？　なぜ主に対しても労苦を負わせようとするのか？」（イザ7・13）　しかしわたしが思いますに、深きところあるいは高きところにしるしを請い求める人[16]は、主に対して労苦を負わせるのではなく、また人に対しても労苦を与えることにはなりません。なぜなら、神の労苦こそ、いかにして（ご自分が）人を救うか、ということにあるのですから。よって、救いのもとに逃れ場を見出すことができる人は、主に労苦を負わせることはないのです。逆に、人を救おうとされる主の労苦に背を向け、救いから逃れ、主から遠く離れようとする人が主に労苦を負わせているのです。[17]「それゆえ、主ご自身があなたがたにしるしをお与えになるだろう。――『見よ、おとめが胎にみごもり、男の子を産むだろう。そして、あなたはその子の名をインマヌエルと呼ぶだろう』」（イザ7・14）。この預言者（イザヤ）の書の正しい読み方に従えば、「あなたは呼ぶだろう」です。一方マタイ（による福音書）は、ご存じの通り、「そして、彼らはその子の名をインマヌエルと呼ぶだろう」（マタ1・23）と読まれます。[18] わたしたちは預言者（イザヤ）を（マタイによる福音書より）軽んじて扱うべきだと考えることはできません。しかし、どうして福音書はこのような読み方をしているのでしょうか？（マタイのテキストを）理解していなかった誰か、あるいは、その他の多くの箇所にも見られるように、より簡単な読み方へと逃げてしまった誰かのものなのでしょうか？[19] あるいは、おそらくある人たちが主張するように、福音書には最初からそう書かれていたのでしょうか？ それぞれの人が望むように考えればそれで済むことです。いずれにせよ、預言書にははっきりと書かれているのです。――「そして、あなたはその子の名をインマヌエルと呼ぶだろう[20]」。わたしは思うのですが、（マタイによる）福音書の初めの部分における「そして、あなたはその子をインマヌエルと呼ぶだろう」（マタ1・23）と（いった、本来はそう書かれていた箇所を）読んだ（聖書の写本家の）誰かが、次のように自問したのに違いありません。『あなたは呼ぶだろう』とは、どんな意味なのか？」「呼ぶその人は誰なのだろうか？」「アハズなのだろうか？」と。そして、幾世代も後にやって来られた救い主について、どうしてアハズが「あなたはその子の名をインマヌエルと呼ぶだろう」と（いった言葉を）聞くことができたというのだろうか？ よって、（このように自問した）その人が、「あなたは呼ぶだろう」と（本来のマタイによる福音書には）書かれていたものを、（それを自分が写本する際に）「彼らは呼ぶだろう」と記した（変更した）のだと、わたしは思うのです。けれども注意してください。アハズに対して言われたのではないのです。「そして、あなたはその子の名をインマヌエルと呼ぶだろう」と呼ばれたのは、ダビデの家の者に対してであったのです。注意してください。はっきりとこう言われています。――「さあ、聞け、ダビデの家の者よ。あなたがたにとって、人に労苦を与えることでは十分ではないというのか？　なぜ主に対しても労苦を負わせようとするのか？　それゆえ、主が御自らあなたがたにしるしをお与えになる。――『見よ、おとめが胎にみごもり、男の子を産むだろう。そして、あなたはその子の名をインマヌエルと呼ぶだろう』[21]」。したがって、たとえわたしたちがこの箇所（の意味）を理解できないとしても、それだからといって、この箇所を軽んじることのないように、あるいは、より簡単な読み方へと逃げることのないようにいたしましょう[22]。むしろ、神の恵みの照らしによって、わたしたちがこの問題を解き明かすための洞察力が得られますように、あるいは少なくとも、御心のままに、わたしたちが神の恵みによって再び照らされて、もはやわたしたちが尋ねる必要がなくなるように、さらに、わたしたちの問題が解き明かされるようにと願いましょう。しかし、もしわたしたちが主によってその洞察力（を受ける）に相応しい者となるならば、（この問題が解き明かされた結果、）このお方はわたしたち自身のことを、より強く訴えて来られることになるでしょう。つまり、ダビデの家の者とは何でしょうか？　わたしがこれまで何度も示してきたように[23]、もしダビデがキリストのことを言っているのなら、神の教会としてのダビデの家の者はわたしたちのことなのです。だから教会としてのわたしたちが言われているのです。先に言われたところの労苦を主に負わせないようにと。むしろ、主がわたしたちに与えてくださるそのしるしを受け取るようにと、かのダビデの家の者に対してではなく[24]、わたしたちに対してそう言われているのです。そして、もしダビデの家の者ならば、その人はこのお方の名をインマヌエルと呼ぶだろう、ということが預言されているのです。なぜなら、キリストの到来に際して、わたしたちの教会だけがキリストについて次のように言う（ことができる）からです。――「神はわたしたちと共におられる[25]」。主の恵みによって以上のことが解き明かされたのですから、わたしたちはさらに別の謎を尋ね求めてみましょう。

2　「凝乳と蜂蜜をその子は食べるだろう」（イザ7・15、22）。どのような意味において、凝乳と蜂蜜をお食べになるであろうお方として、キリストのことが預言されているのでしょうか？　また、もしこのことが主の恵みによって明らかにされるのならば、わたしたちにはさらに続いて別の問題が生じることになるのです[26]。願わくは、わたしたちが皆、次に書かれていることを行う者となれますように！──「聖書を研究せよ！[27][28]」聖書において、多くの肉の食べ物が霊的な食べ物（の象徴）として言及されています。「生まれたばかりの子供たちのように、混じり気のない霊的な乳を慕い求めよ！[29]」このように、疑いなく霊的な乳が存在するのですから、そのような乳を探すことがわたしたちには求められます。一方、箴言において、蜂蜜について書かれています。──「蜂蜜を見つけたら、十分なだけ食べよ。（しかし）食べ過ぎて吐き出すことはないように[30]」。聖霊は[31]、誰でも知っているところのあの（肉の食べ物としての）蜂蜜をわたしたちが食べ過ぎないようにと心配されたのでしょうか？　いいえ、聖霊は霊的な蜂蜜について次のように言っておられるのに違いありません。──「蜂蜜を見つけたら、十分なだけ食べよ[32]」。蜂蜜が見つけられるべきものであるとしても、しかし、聖霊はどのような意図を込めて、もしわたしたちがその蜂蜜を見つけたら、それを十分なだけ食べるようにと、わたしたちに対しそのようにお命じになったのでしょうか？　「行け、蜜蜂の所へ。そして学べ、どのようにそれが働いているかを[33]」と書かれています。そして、巣を作り、蜂蜜を造り出している限りにおいて、預言者たちは蜜蜂であることが分かります。わたしが大胆に解き明かさせてもらえば、預言者たちが残した聖書（の言葉）は彼ら蜜蜂たちの巣のことなのです。ぜひあなたも聖書の所へやって来てください。そうすればあなたも蜂蜜を見つけることでしょう。しかしまた、こう言われています。──「蜂蜜を食べよ」。そして、箴言においてさらに（続けて）言われています。──「なぜなら、蜜蜂の巣はあなたの口蓋が甘きを味わうために良いものだから[34]」。聖霊が「蜂蜜を食べよ。なぜならそれは良いものだから」と言っておられるのは、日常的な蜂蜜に関してのことであるのだと、あなたは思いますか？　わたしはあえて申しません。聖霊が物質的な蜂蜜のことで、わたしに対し「蜂蜜を食べよ」と命じておられるなどとは。わたしが（食べ物としての蜂蜜を）持っていなかったり、あるいは、わたしが蜂蜜を食べることができない状態にあるのだとしたら、一体どうなるというのでしょうか？　では、聖霊はどんな意味でわたしに言われているのでしょうか？　『『蜂蜜を食べよ』。（しかし）肉は食べてはならない。むしろ、『子よ、蜂蜜を食べよ。なぜならそれは（体に）良いものだから』』といった意味なのでしょうか？（いえ、そういう意味ではありません。）もしあなたが蜂蜜は預言者たちのことで、そしてその働きが蜂蜜あるいは蜜蜂の巣のことだと考えるのなら、その時には、「子よ、蜂蜜を食べよ。なぜならそれは良いものだから」[35]という箇所を、あなたは聖霊に相応しい仕方の理解をもって理解することでしょう。誰でも神についての託宣に思いを巡らせ、聖書の言葉によって養いを得るのならば、その人は次の掟を満たすことになるのです。その掟はこう命じています。――「子よ、蜂蜜を食べよ」[36]。さらに、その人が命じられたことを行うのなら、以下の言葉を持つに至るのです。――「なぜならそれは良いものだから」。なぜなら、聖書で見つけることができるこの蜂蜜は良いものなのですから。しかし、「蜜蜂の所へ行け」[37]と言われていることも、そのように（霊的に）理解されます。つまり、いわば蜜蜂の中の蜜蜂といったものが存在するということです。蜜蜂の中には（女）王とも名付けられるような一人の王が存在するように、蜜蜂の長[38]は我が主イエス・キリストのことであり、このお方のもとへと、聖霊はわたしを遣わされるのですが、それはわたしが蜂蜜を食べるためなのです。なぜならそれは良いものなのですから。また、わたしがこのお方の巣に遣わされるのは、わたしの口蓋が甘きを味わうためなのです[39]。そして恐らく、とりわけ（聖書の）繊細な文字がその巣となるのでありましょう。これに対して、蜂蜜とは、そこに含まれた（霊的な）理解のことなのです[40]。さあ、おとめよりお産まれになったインマヌエルは、凝乳と蜂蜜を食べられて、そして、このお方はわたしたち一人一人の中から凝乳を食べることを求めておられます。どのような意味において、このお方はわたしたちそれぞれから凝乳と蜂蜜を求めておられるか、その答えを御言葉が教えてくれるでしょう[41]。わたしたちの甘き業や、わたしたちの最も甘き有益な言葉が蜂蜜なのです。そういった蜂蜜こそインマヌエルがお食べになり、おとめよりお産まれになったこのお方がお食べになるものなのです。しかし、もしわたしたちの言葉が苦みや、怒り、敵意、悲嘆、みだらな話、悪徳、争いで満ちているのならば、わたしの口は胆汁で溢れ、そして救い主もそれらの言葉からお食べになることはありません。しかし救い主は、人の言葉が蜂蜜となるのならば、人が語る言葉から食べてくださいます。このことは聖書から証明されます。――「見よ、わたしは戸口の前にすでに立って、叩いている。もし誰かがわたしに対し戸を開けば、わたしはその人の所を訪れて、その人と共に食事をする。そして、その人はわたしと共にいる」(42)。それゆえ、このお方ご自身が約束してくださるのです。わたしたちと共にわたしたちの持てるものから食事をしてくださると。しかし本当に、わたしたちがこのお方を食べる時にこそ、わたしたちもこのお方と共に食事をするのです。このお方はきっとわたしたちの良き言葉、業、洞察を食べてくださり、そして、このお方はご自身の霊的な神のさらに良き食べ物によって、わたしたちを養ってくださいます。それゆえに、救い主を受け入れることは幸いなことなのですから、わたしたちは心の最も大切な部分である戸を開き、このお方のために蜂蜜と、そしてこのお方の食べ物すべてを用意いたしましょう(43)！それは、このお方ご自身が天の御国における御父の盛大な祝宴のもとへとわたしたちを招待してくださるためであります！この祝宴はキリスト・イエスにおいて行われるのです！このお方に、栄光と力とが世々限りなくありますように、アーメン！

説教三 ――イザヤ書4章1節、11章1―3節a

「七人の女[1]について」（イザ4・1）。

4・1そして、七人の女が一人の人をつかまえて、そして言うだろう。「わたしたちは自分たちのパンを食べ、自
分たちの服を身につけます。けれども、あなたの名をわたしたちに名乗らせてください。わたしたちの恥を取
り去ってください！」
2その日には、イスラエルの残りの者を高められ、名誉をもたらされるために、神は地上での栄えあるご計画に
おいて光り輝かれるだろう。3そして、シオンの残りの者とエルサレムの残りの者は、聖なる者と呼ばれるよう
になることだろう。彼らは皆、エルサレムで生きるために（書物にその名が）書き記されている者たちである。
4というのは、主がシオンの息子と娘の汚れを洗い流されて、裁きの霊と焼き尽くす霊とをもって、彼らの間か
ら血を払い取ってくださるからである。5そして、主はやって来られて、シオンの山のどこであっても、その周
りのどこであっても、――雲が昼には（守りの）影をつくり、夜には煙と燃える炎の光のようなものとなるであ

ろう。――全き栄光によって覆われるようになることだろう。6そして、そこは熱から守るための影となり、嵐
と雨からの逃れ場と隠れ家となるだろう。

（七十人訳イザ4・1―6）

11・1そして、エッサイの根より若枝（ῥάβδος）が出るだろう。そして、その根から一つの花が萌え出るだろう。
2そして、彼（それ）の上に神の霊、すなわち、知恵と洞察の霊、助言と力の霊、知識と敬虔の霊が留まるだろ
う。3神を恐れる（畏れる）霊が彼を満たすだろう。

（七十人訳イザ11・1―3a）[2]

1　恥を蒙っている七人の女たちが歩き回っています。それは、恥を彼女たちから取り除くことができる一人の男を、彼女たちが迎えようとしているからです。七人の女たち自身が、自分たちのパンを食べ、自分たちの服を身につけることを約束しています。[3] 彼女たちは、自分たちの恥を取り除いてくれる人のパンは必要としておりません。また、（夫として）迎え入れるその人の服も、彼女たちは欲してはおりません。[4] 彼女たちは、一人の人間が与えることができる服よりも良い服を持っているのです。（さらに）彼女たちは、人間が与えることのできる食べ物よりも良い食べ物を持っているのです。それゆえに、七人の女は誰のもの（妻）なのか、そして彼女たちの恥とは何なのか、調べてみる価値があるでしょう。七人の女たちは一つなのです。すなわち、彼女たちは（皆）、神の霊なのです。この一つなる（神の）霊において、七つが存在するのです。[5] 実に神の霊とは、「知恵と分別の霊、熟慮と力の霊、知識と敬虔の霊、主への恐れの霊」（イザ11・2以下）なのです。この知恵は、それに対抗するさまざまな知恵によって、ある恥を蒙っています。この本物の分別は、間違った種々の分別に耐えています。この偉大なる熟慮は、多くの悪しき熟慮から恥を蒙っています。この力は、（本当は）力ではないのに自分を力だと自称するようなものによって嘲られてい

ます。この知識は、この（知識という）名を我が物とし、偽ってそう名付けられたようなものから恥を蒙っています。この敬虔は、自分自身を敬虔と呼んでいるにもかかわらず不敬虔であり、そして人を不信心に導き入れるようなものによって非難されています。この恐れは、恐れとみなされるようなものによって恥を蒙っています。というのは、多くのものが神の恐れを提供しますが、しかし、それらは（正しい）知識[6]を伴わない恐れであるからです。よって、この七人の女がどのように恥を蒙っているのか、わたしたちは調べてみましょう。この世の知恵を見てください。また、この世の支配者たちの知恵を見てください[7]。どのように彼らの知恵が我がキリストの知恵を嘲っているか、どのように彼らの知恵が真のユダヤ教の知恵[8]——この人たち（ユダヤ人たちの肉体）の割礼に反して、わたしたちはこの知恵によって、霊的に（心に）割礼を施すのです。——を嘲っているかを見てください。そこでさらに、（見るだけではなく、）どのようにこの世の知恵とこの世の支配者たちの知恵が、この（キリストの）知恵を嘲っているのかを理解してください。（そしてあなたが理解したはずの）そういう理由で、この七人の霊的な女たちと一つになって、彼女たちの恥を取り除くことができる一人の人が探されているのです[9]。本来、彼女たちの恥を取り去ることができるのはたった一人しかいないのです。その人は誰なのでしょうか？　イエスです。このお方は肉によればエッサイの根より出て来られたお方で、「肉によればダビデの種より生まれ、聖なる霊の力において神の御子と定められていた[10]」お方です。本当に、「エッサイの根より鞭が出た[11]」（イザ11・1）のです。この鞭は「全被造物の長子[12]」ではなく、「はじめに神の御もとにおられた言なる神[13]」でもなく、むしろ、エッサイの根から出た鞭とは、肉によってお生まれになったお方のことなのです[14]。それゆえに、「エッサイの根から鞭が出て[15]、そして、その根より一つの花が萌え出た」（イザ11・1）のです。その花とは何でしょうか？　その根とは何でしょうか？　両者とも同じ一つの実体から成っています。違いはむしろその働きにあります[16]。つまり、あなたが罪人である限り、あなたのためにその花は存在せず、エッサイの根より萌え出たその花をあなたは見ることができません。なぜなら、あなたも鞭が打たれるからです。このことは、

（キリストの）弟子が鞭と花について言っていることでもあります。まず鞭についてはこう言われています。――「あなたがたは何を望んでいるのですか？　わたしが鞭を持ってあなたがたの所に行くことですか？」一方、花についてはこう言われています。――「あるいは神の愛と穏やかな霊においてですか？」[17]　したがって、エッサイの根より鞭が出たのは、罰と懲らしめが与えられる人のためだったのです。その鞭は矯正が必要とされている人のためであり、告発される必要のある人のためだったのです。これに対して、（萌え出た）その花とは、すでに教育され、荒い調教は必要とされず、あるいは少なくとも罰は必要とされず、むしろ、全き実りをもたらすために花が開花するに至っている状態の人のためのものなのです。ですから、まず初めに花が目の前に示され、花が散った後に、鞭は実りをもたらすものとなるのです。[18]「エッサイの根より鞭が出て、その根から一つの花が萌え出た」。そして、七人の女は（このお方の上に）留まるだろう。すなわち、「神の霊、知恵と分別の霊がそのお方の上に留まるだろう」（イザ11・1以下）。実際、知恵の霊はモーセの上には留まることはなかったのです。知恵の霊はヌンの子ヨシュアの上には留まることはなかったのです。知恵の霊はイザヤやエレミヤといったそれぞれの預言者の上には留まることはなかったのです。

2　しかし、わたしを冒瀆者であるかのごとくみなして、わたしを石打ちの刑にしないでくださいね。わたしは我が主イエス・キリストを崇めようとしているのです。むしろ、わたしが言うことをしっかりと考えてみてください。そうすれば、彼ら（預言者たち）の内の誰一人の上にも霊は留まることはなかったということがあなたにも分かるでしょう。霊は誰のところにもやって来なかったというわけではありません。しかし、誰の上にも留まることはなかったということが分かるでしょう。霊はモーセのところにやって来ました。しかし、知恵の霊がモーセのところにやって来た後でも、モーセは不信仰なままなのです。すなわち、「聞け、あなたがた強情な人たちよ。この岩からあなたがたのために、わたしが水を汲み出さねばならないというのか？」[19]と彼は言っています。[20]霊はすべての正しい人のところにやって来ましたし、イザヤのところにもやって来ました。しかし、イザヤは何と言ったのでしょうか？「わたしは汚れた唇を持っていて、汚れた唇を持つ民の中にわたしは住んでいる」[21]。知恵の霊は、かの火鋏と火が（イザヤに）触れた後に、汚れた唇を持つイザヤのところにやって来ましたが、しかし、（霊はイザヤの上に）留まることはなかったのです。確かに霊はイザヤを働き人として用いましたが、しかし、（イザヤの上には）留まることはなかったのです。霊がやって来たところのすべての人が、（その後も）苦境に苦しんでいるのです。つまり、それぞれ人は罪を犯し、「良いことを行い、罪を犯さないような正しい人は地上に一人もいない[23]」のです。（また、）「汚れから免れる人などいない。たとえその人の寿命がたった一日であるとしても、彼の月日は数えられている[24]」のです。それゆえに、霊は誰の上にも留まることはないということなのです。霊は多くの人のところにやって来たが、その人たちのもとには留まることはなかった、ということをわたしたちは福音書からも証明することができます。以前に朗読された箇所は次の通りでありました。「わたしの霊はこの人たちに永久には留まることはないだろう[25]」。この言葉は以下のような意味ではありません。つまり、「霊は（この人たちのもとに）存在しないであろう」という意味ではなく、むしろ、「霊は（この人たちのもとに）留まることはないであろう」という意味なのです。（バプテスマの）ヨハネは、霊が留まったところのただ一人のお方を見たのです。そして、そのことを示すしるしは以下の通りでありました。――「霊がこのお方の上に降って来て、そして、このお方の上に留まるのをあなたが見たら、このお方こそ神の子である[26]」。霊が降って来た際には、誰でも神の言葉に仕えたのです。（けれども、）しばらくすれば誰でも皆、罪を犯し、しばらくすれば誰でも皆、無益な言葉を話すようになるのです[27]。わたしは知りません。人が罪から離れ続けることができるかどうかを。あなたはどう思いますか？　霊が臨在される時には罪を犯すことが可能かどうか？　よって、以下に書かれているように、――「エッサイの根より鞭が出て、そして、その根より一つの花が萌え出た。そして、彼の上に神の霊、すなわち、知恵の霊、分別の霊、熟慮と力の霊が留まるであろう」（イザ11・1以下）――このような仕方で、神の霊が留まった人は誰も存在しないということなのです。（霊がこのお方の上に留まったが）ゆえに、このお方は偉大なる熟慮の天使であられ[28]、このお方は力を増し、勝利に満ちて上って行かれる際には、諸々の力がこのお方に対し驚嘆し、このお方について言うのです[29]。――このお方は「主、闘いにおいては勇敢で力強い[30]」。それゆえ、わたしは天に上られるこのお方とこのお方の力について言うのです。「熟慮と力の霊が彼（このお方）の上に留まった[31]」と、さらに、「主こそわたしの力、わたしの歌。主はわたしの救いとなられた[32]」と。こうして、「彼（このお方）の上に、神の霊、すなわち、知恵と分別の霊、熟慮と力の霊、知識と敬虔の霊が留まり、そして、神を畏れる霊が彼（このお方）を満たした」（イザ11・2以下）（ということな）のです[33]。

3　それゆえ、「七人の女」が（夫として）「迎え入れる」人を探しており、「七人で一人の人をつかまえるだろう」（イザ4・1）。このことも以上の出来事（理解[34]）に基づいています。よって、最初に確かめなければならないことは、いついかなる時に、七人の女が一人の人を受け取るかということです。エルサレムの勇者たちが打ち倒され、シオンの娘たちの飾りが付いた彼らの覆いが嘆かわしい様となり、エルサレムが一人残され見捨てられ、略奪され地に伏した際に[35]、その時に、「七人の女が一人の人をつかまえて、そして言うだろう。――『わたしたちは自分たちのパンを食べ、自分たちの服を身につけます。けれども、あなたの名をわたしたちに名乗らせてください』」（イザ4・1）（と聖書に書かれているのですが、つまり）、このお方が人として理解され、（この世に）生まれ、体を身にまとわれたその際に、七人の女たちは一人の人、すなわち、わたしたちの主なるイエス・キリストをつかまえて、このお方を本当に手離さなかったということなのです[36]。「七人の女は一人の人をつかまえて、そして言うだろう。――『わたしたちは自分たちのパンを食べます[37]』」。多くの人が歩いていきます。しかし、誰もこの女たちからつかまえられてはおりません。誰一人この女たちから気に入られることがないのです。というのは、人（男）が不足しているがゆえに、この女たちが一人の人をつかまえているのではなく[38]、この女たちが欲し、探し求めていたのは、この人が特有な人であるためなのです。この人に対して次のように言うために、この女たちはただ一人の人を見つけ、この人をつかまえたのです。

――「わたしたちは自分たちのパンを食べ、自分たちの服を身につけます」[39]。知恵の食べ物のようなものや、同様に、分別やその他の霊の食べ物のようなものが存在しています。その食べ物とは何でしょうか？　わたしはこう言うことをためらいません。つまりその食べ物とは、それら（知恵や分別やその他の霊の食べ物）とは別の食べ物のことです。「わたしは天から降って来た命のパンである」[40]。「わたしはわたしの命を世に与える」[41]。このように言っておられるところの神の言葉（キリスト）が、わたしの食べ物であるように、知恵の食べ物は父なる神ご自身のことなのですが、それは以下の言葉の通りです。――「わたしの食べ物はこれである。すなわち、わたしを遣わされたお方の御心を行うこと、そして、そのお方の働きを成し遂げることである」[42][43]。「わたしたちは自分たちのパンを食べ、自分たちの服を身につけます」[44]。知恵を飾るための知恵の飾りといったものが存在するのです。すなわち、知恵は（神の）言葉によって飾られねばなりません。それぞれの女が、それぞれの飾り（神の言葉）を持っています[45]。「けれども、あなたの名をわたしたちに名乗らせてくださって、わたしたちの恥を取り去ってください」（イザ4・1）。知恵に与えられる名とは何でしょうか？　イエスです[46]。「あなたの名をわたしたちに名乗らせてください」とは、どんな意味なのでしょうか？（すなわち、）このわたしは知恵です。（知恵である）わたしはあなた（イエス）の名によって呼ばれたいのです。それは、知恵であるこのわたしがイエスと呼ばれるためであり、分別や、偉大なる熟慮、力、知識、敬虔、神への恐れが、イエスという名を帯びて、すべてにおいてすべて[47]があなた（イエス）の名となるためなのです（という意味なのです）。「あなたの名をわたしたちに名乗らせてくださって、わたしたちの恥を取り去ってください」[48]。本当に、イエスはわたしたちの恥を取り去ってくださいました。だからこそ、わたしたちは立ち上がって、七人の女なる霊が留まったところのこのお方（イエス）を遣わしてくださった神に向かって祈りましょう！　イエスがわたしたちにもこれらの女たち（聖霊）との交わりを与えてくださるようにと、そして、わたしたちもこの聖霊を受け取って、わたしたちが神において賢くなり、分別あるものとさせられて、その他の諸々の徳によって、わたしたちの魂がキリスト・イエスにおいて装われるようになることを願って！　キリスト・イエス、このお方に、栄光と力とが世々限りなくありますように、アーメン！

説教四[1]——イザヤ書6章1—7節

6・1そして、ウジヤ王が死んだ年のことである。わたしは高く上げられた御座に主が座っておられるのを仰ぎ
見た。そして、その家は主の栄光で満たされた。2そして、セラフィムがそのお方のまわりに立っていたが、一
人のセラフィムは六つの翼を持っていて、もう一人のセラフィムも六つの翼を持っていた。そして、セラフィム
は（それぞれ）二つの翼によってその顔を覆っていて、（それぞれ）二つの翼によってその足を覆っていて、（それ
ぞれ）二つの翼によって飛んでいた。3さらに、セラフィムはお互いに呼び交わして言っていた。「聖なる、聖
なる、聖なる万軍の主。全地は主の栄光で満たされた」と。4すると、この（セラフィムの）叫び声によって敷
居は立ち上がり、その家は煙で覆われた。5そして、わたしは言った。「ああ、わたしは災いだ。なぜなら、わ
たしは失われた者だから。なぜなら、わたしは一人の人間で、汚れた唇を持っていて、汚れた唇を持つ民の中に
住んでいるから。なぜなら、わたしの目は王なる万軍の主を仰ぎ見てしまったから」。6すると、セラフィムの
一人がわたしのところにやって来たが、その手は火鋏で祭壇から取った炭火を持っていた。7そして、そのセラ
フィムはわたしの口に触れて言った。「見よ、これがあなたの唇に触れたので、これはあなたの咎を取り去り、
あなたの罪を取り除くだろう」と。

（七十人訳イザ６・１―７）

1　神の起源を探し当てることは不可能です。あなたはどこにも神のお働きの起源を見出すことはできません。[2] わたしはあなたに対して言っているのではなく、誰一人、（現在において）存在しているものすべてがそうすることはできないのです。神と常に共にいます救い主と聖霊のみ、神の御顔（起源）を見るのです。そして恐らく、天にましますす御父の御顔をいつも仰いでいる天使たちも、[3] 御父の御業の起源を絶えず仰いでいます。しかしまた、人間の前でセラフィムが（神の）御足をも隠しているのは、[4] 最後のものごとがどのような様か語ることは不可能だからなのです。「誰が最後のものごとを告げ知らせたというのか？」[5] と聖書は証言しています。わたしたちが見るものは――わたしたちが幾らかは見ているということが承認されるとしても――中間のものごとなのです。この世の前に存在していたであろうものは、わたしたちの知るところではありません。とはいえ、この世の前には何かが存在していました。（そして、）この世の後に続くであろうものは、確信を持って理解することはできないのです。けれども、この世の後には何か別のものが生ずることでしょう。こうして、次のように書かれていることが理解できるのです。――「初めに神は天と地を造られた。しかし、地は見ることができず、秩序なく、深淵の上に暗闇があった。そして、神の霊が水の上に行き渡っていた」[6]。すなわち、神の霊が横たわっていたその水は、この世に属していたものなのです。一方、深淵の上にあった暗闇もまた、（神によって）造られなかったものではありません。つまり、両者とも無から創造されたものだということです。イザヤの書において、神が言われているのを聞いてください。「わたしは光に形を与え、暗闇を造った神である」[7]。箴言において、知恵が呼ばわっているのを聞いてください。「全き深淵の以前に、わたしは生まれた」[8]。これら（光や暗闇や深淵）は造られなかったものではありませんでした。けれども、いつ、どのようにして、それらは生まれたというのでしょうか。わたしはそのことを知りません。なぜなら、神の御業より先にあったもの、つまり、神の御顔はセラフィムによって覆われていたのですから。しかし、御足も同様です[9]。（神の御足が意味するところの）この世の終わりの後に世々に亘って起こるであろうものを、誰が説明できましょう？ おしゃべりな人たち[10]は、そのことについての知識を披露する人たちですが、しかし彼らは知っていないのです。人はただ中間的なものごとのみ把握できるということを。そして、この世の後の裁き――罰として、あるいは報酬として――における完成に至るまでに起こるであろうこと、さらにこれらのことに関する他の多くのものもまた、わたしたちには隠されているのです。以上が、「二つ（の翼）によって、二人のセラフィムは神の御顔（と御足）を覆っていた」（イザ６・２）と書かれていることに関してです。

　しかし、二人のセラフィムは単に覆っていただけではなく、完全に（見えないように）覆っていたのです。つまり、以前にあったもの――それをわたしは神の御顔と呼ぶことにしますが――のほんの小さなものごとでさえ、人が見ることができないように覆われ、そして、終わりにおけるもの――それはすなわち神の御足のことですが――に属するほんの些細なものごとでさえ、人が認識することができないように覆われていたのです。「そして、二つ（の翼）によって、二人のセラフィムは飛んでいた」（イザ６・３）。（一方、）中間のものごとは考察され得るものです。「そして、二人のセラフィムはお互いに呼び交わしていた」（イザ６・３）。つまり、一つが多くに対して（という様に）ではなく、一つがもう一つに対して（といった風に）、互いに呼び交わしていたのです。というのは、神の聖なる様は、その（聖なる）事柄のゆえに、聖霊以外の何ものも聞き取ることのできない仕方によって救い主が告げ知らせ[11]、しかし同様に、救い主以外の誰一人、聖霊が告げ知らせるところの、神の神聖さが住まいを得る様[12]を聞き取ることはできないのです[13]。だからこそ、二人のセラフィムはお互いに呼び交わして言っていたのです。「聖なる、聖なる、聖なる！」（イザ６・３）と。二人のセラフィムにとって、「聖なる！」と一度だけ叫ぶことは十分ではないのです。二度でも十分ではありません。三度繰り返された聖なる交わりから成る神の満ち満ちた聖性を明らかにするために、二人のセラフィムは完全なる数としての三位一体を採用しているのです。御父の聖性に御子と聖霊の聖性が結びついているのです。「なぜなら、聖とされるお方と、聖とさせられた者たちは皆、一つからなる」[15]（と言われております）。（人を）聖とするお方である救い主は、（同時に、）人間であられる限りにおいて、神なる御父から聖性を受け取られるお方です。こういうわけで、二人のセラフィムは言っているのです。「聖なる、聖なる、聖なる万軍の主！」[16]と。しかし、万軍（の主）に関しては、アキュラ訳は「諸々の軍の主」と伝えています[17]。

2 「全地は主の栄光で満たされた」（イザ6・3）。かつてその家（神殿）は栄光で満たされました[18]（イザ6・1）。しかし今、キリストが全地を神の栄光によって満たされる時が来るであろうと、地上のものに関して二人のセラフィムは預言しているのです。なぜなら、生きる上での行いを通して神を崇めるすべてのものにおいて、神の栄光は満たされており、そのような仕方で、全地は神の栄光で満たされているからです[19]。かつては全地が神の栄光で満たされていたのではなく、地における僅かな片隅だけが栄光で満たされていたのですが、それは、「ユダにおいて神は知られている。イスラエルにおいて、神の御名は偉大である」[20]と言われた時のことです。全地が神の栄光に満たされるようになるために、御子を遣わされた神[22]に栄光がありますように！　しかし、もし地に広がる祝福された教会のために、地が神の栄光によって満ちているとしても[23]、あなたが神の全き栄光に与らないのならば、あなたにとって何の益があるでしょうか？　だからあなたも努力しなさい。この栄光があなたの中にも住み給い、この栄光があなたの中に住まいを見出されるところを捜し求めながら、すべてにおいて神の栄光を輝かすことに努めなさい。それは、神の栄光が見出される全地と共に、あなたも神の栄光で満たされるようになるためなのです[24]。どのようにして、わたしたち各々を通して神の栄光が満ちるようになるというのでしょうか？　もしわたしが行い、あるいは話すことが神の栄光のためになされるのならば、わたしの言葉と行いは神の栄光で満たされることでしょう。もしわたしが行ったり来たりすることも神の栄光のためになされるのならば、もしわたしが食べることも、わたしが飲むことも、わたしがなすすべてのことも、神の栄光のためになされるのならば、わたしも次の約束の言葉に与るのです。――「地は主の栄光で満たされた[25]」。それゆえに、わたしがそのすべてをなし終えた際には、「この（二人のセラフィムの）叫び声によって、（神殿の）敷居は立ち上がった」（イザ6・4）（ことになる）のです[26]。よって、わたしたち各々が、（神殿の）戸とその敷居に与るように努力することは幸いなことです。霊的な理解によれば、それはキリストと神に与ることなのです。つまり、わたしの理解によれば、（キリストの）肉が戸のことであり、（神の）言葉が敷居と名付けられるべきですが、このように言って間違ってはいないでしょう[27]。

3　「この（二人のセラフィムの）叫び声によって、敷居は立ち上がった。そして、その家は煙で覆われた」（イザ6・4）とありますが、その煙は神の栄光から放たれた良い煙なのです。「そして、わたしは言った。『ああ、わたしは災いだ。なぜなら、わたしは失われた者だから[28]！』」（イザ6・5）ああ、イザヤよ、あなたはある幻を見る前には、自分が災いなる者であることを告白していなかったのか？　彼は告白しなかったと言っているのです。つまり、「ウジヤ王が生きていた間、わたしには思いもよらなかった。わたしが災いなる者であるなどとは。なぜなら、わたしがある幻を見て、レプラにかかった王ウジヤがわたしにとって死んだ時[29]初めて、わたしが災いなる者であることに気付き、わたしは『ああ、わたしは災いだ！』と言うのだから」と彼は言っているのです[30]。今やこのわたしも主に告白することにいたします。そして、わたし自身について言います。「ああ、わたしは災いだ！」と。「ああ、わたしは災いだ！」とイザヤが言っているように。しかし、使徒（パウロ）もイザヤと全く同じように言っています。――「わたしは惨めな（災いなる）人間です。誰がわたしをこの死すべき体から解き放ってくれるでしょうか[31]？」　それゆえ、わたし自身が災いなる者であることを告白することは、幸いなことなのです。もしわたしが自分をへりくだらせて、後悔をもって自分の罪を嘆くのならば、神はわたしを聞き届け、わたしに救い主を送ってくださって、その時わたしは言います。――「わたしたちの主イエス・キリストのゆえに神に感謝します！[32]」　しかし、心の底から言おうではありませんか。「わたしは災いだ」と。それぞれの人が自分の災いに対する原因と過失（罪）について心に覚えております。だから祈るために立ち上がって、言おうではありませんか。――（自分の罪を）わたしたちが告白するのですから、（それを）思い起こしているわけですが、しかし一方で、もはやそのようには（罪に従って）行動しないのですから、わたしたちはそれ（罪）を忘れた（放棄した）ことになるのです。――「わたしは災いだ。なぜなら、わたしは失われた者だから！」（イザ６・５）と。イザヤが幻を見る前、そしてウジヤが死ぬ前[33]は、イザヤは失われた者ではありませんでした。罪を告白し始めるや否や、彼は言うのです。「なぜなら、わたしは失われた者だから[34]」と。人は（皆）罪人であるのだから、（己の）内なる人に応じて感ずる[35]ことがなければ、自分が失われた者であるという思いを抱くことはないのです。逆に、ちょうど外的な体の手足に強い刺激を与えてみても、死んだ体が何も感じないように、罪の内に死んだ罪人や悔悛なき罪人に神の言葉を与えてみても、その人は悲嘆に暮れることはなく、後悔もせず、告白をもたらす悲しみ、すなわち、神に適った悲しみ[36]を抱くことはないのです。しかし、もし誰かが救われるように願い、そして自分を非難し告発する言葉を聞くや否や、その人は言います。「ああ、わたしは災いだ」と。「わたしは災いだ」と言うだけでは十分でありません。それに「なぜなら、わたしは失われた者だから」という言葉が付け加えられねばなりません。願わくは、より多く（より頻繁に）、失われた者となれるように！　なぜなら、より多くわたしたちが失われた者となれば、わたしたちにとって、罪の枷はより和らげられるからです。よって、かのアハブ王は益を多く持ってはおりませんでした。彼は多く失われた者ではなかったからです。確かにアハブは己を失われた者と感じたことがありましたが、たった一度だけであったのです。そのためにこう言われています。――「あなたは見たのか、アハブが自分を失われた者と感じた様を！[37]」　もし自分が失われた者と感ずることを止めぬ（継続する）者となったならば、その人は使徒と同じように言うことでしょう。――「わたしは神の教会を迫害したのですから、使徒と呼ばれる値打ちはありません[38]」。さらに、「すべての聖なる者の中で最も小さき者であるこのわたしにその恵みが与えられました[39]」。さらに、「罪人の最たる者はこのわたしですが、イエス・キリストは罪人を救うためにこの世に来られたゆえに、神は真実なお方です[40]」。使徒（パウロ）は一度だけではなく常に自分を失われた者と感じていたということに、（そして）使徒は書く際にも、その言葉と行いにおいても自分を失われた者と感じていたということに、あなたは気付きますよね？　同様にイザヤも今、言っています。「ああ、わたしは災いだ。なぜなら、わたしは失われた者だから。なぜなら、わたしは一人の人間で、汚れた唇を持っていて、汚れた唇を持つ民の中に住んでいるから」（イザ6・5）と。（また）次のことにも注意してください。イザヤの罪は（彼の）行いの中にもあったのではなく、言葉の中だけにあったのです。というのは、彼は言っているからです。「なぜなら、わたしは一人の人間で、汚れた唇を持つ者だから」と[41]。しかし、この民（ユダヤ人）もまた汚れた唇を持っていたのでした。（だから）イザヤにとって、この民を責めることは相応しくありませんでしたし、また、汚れた唇という罪より多くの罪がイザヤにあったと言うことも相応しくありません。

4　「そして、わたしの目は王なる万軍の主を仰ぎ見た」（イザ6・5）。わたしたちは今なお罪人であるのにもかかわらず、神について考察するのならば、わたしたちも預言者が今言っていることを言うことでしょう。――「すると、セラフィムの一人がわたしのところにやって来た」（イザ6・6）。何と神は良きお方であることか！　なぜなら、イザヤの告白をわたしは聞こう、と神は言っておられるからです。――すなわちイザヤは言っています。「ああ、わたしは災いだ！」――そしてなぜなら、わたし（神）はイザヤが後悔している――確かにイザヤは「わたしは失われた者だ」と言ったのです。――のを聞こう、と神は言っておられるからです。さらに、イザヤが「なぜなら、わたしは一人の人間で、汚れた唇を持っていて、汚れた唇を持つ民の中に住んでいるから[42]」と言いながら自分自身の罪を告白したゆえに、イザヤがなお話している間に、「見よ、わたしはここにいる[43]」とこのわたしも言おう、と神は言って

おられるからです。「すると、セラフィムの一人がわたしのところにやって来て、そして、その手は炭火を持ってい
た」（イザ6・6）。炭火が預言者のところに持って来られたのは、かつて汚れていた彼の唇を炎で焼き、清めるため
でありました。そのセラフィムとは誰なのでしょうか？　我が主イエス・キリストであります。肉における救
済のお働きに基づいて[44]遣わされたそのお方の手には炭火がありました。そして、そのお方は言われたのです。――
「火を地上に投げるためにわたしはやって来たのだ。すでに火が燃えていたらよかったのに！[45]」
5　「そして、セラフィムの一人がわたしのところにやって来て、そして、その手は火鋏で祭壇から取った炭火を
持っていた」（イザ6・6）。預言者は単にどれでもよい火によって清められたのではありません。神の祭壇の火によ
って清められたのです。もしあなたが祭壇の火によって清められなければ、あなたには次のように言われたところの
火が待っていることでしょう。――「わたしの元から立ち去って、サタンとその使いのために用意されている永遠の
火の中に入れ[46]」。このような火は祭壇からの火ではありません。すべての人は火に委ねられるべきですが、けれども、
すべての人が同じ一つの火に委ねられるのではありません。かの祭壇からの火が待っている人もいるし、あるいは他
の人には、サタンとその使いのために用意されている火が待っているのです[47]。だから、（罪を）訴えるための御言葉
がわたしたちの精神と魂としての唇に触れてくれさえすれば、わたしたちもまた言うことができるのです。――「そ
して、そのお方はわたしの口に触れた」（イザ6・7）。もしわたしが自分の口を清めるのならば、わたしは無用なこ
とを何一つ、無知なことを何一つ、恥ずべきことを何一つ、おどけたことを何一つ――一言で表現するのならば――
禁じられたことを何一つ話すことはないのです。そしてその時に、わたしは言うことができるのです。「そのお方は
わたしの口に触れた」と。一方で、わたしが汚れた唇を持っていて、汚れたことを行っている間は、その罪の言葉の
ゆえに、祭壇の火はわたしに触れず、一人のセラフィムはわたしのところにやって来ては来ません。
6　「そして、そのお方は言われた。――『見よ、これがあなたの唇に触れたので、これがあなたの不義を消し去

り、あなたの罪を取り除いた』」（イザ６・７）。神の言葉がわたしたちを焼けば、わたしたちの魂は燃え立つのだ！ そして（次の御言葉に）聞きつつ、わたしたちも（自ら）言おうではありませんか！「わたしたちの心は燃えていたではないか？」[48]と。わたしたちの不義と罪が消されるようにと願って、そしてわたしたちは清くさせられて、清き口と清い心によって、清き全き良心によって、キリスト・イエスにおいて全能の神に感謝を言い表しましょう！ キリスト・イエス、このお方に、栄光と力とが世々限りなくありますように、アーメン！

説教五[1] ——イザヤ書41章2節、6章1節

「誰が東から正義を立ち上がらせたのか？」（イザ41・2）と書かれた言葉に関して、そして再び、かの幻について。

誰が東から正義を呼び起こし、それを自分の足もとに呼んだのか？　そして、それ（正義）は来るのだろうか？その人はそれ（正義）を諸国の民に立ち向かわせ、諸々の王たちを驚かせるだろう。そして、その人は彼らの剣を塵とするだろう。そして、彼らの弓は放り出された小枝のように（なるだろう）。

（七十人訳イザ41・2）

そして、ウジヤ王が死んだ年のことである。わたしは高く上げられた御座に主が座っておられるのを仰ぎ見た。

（七十人訳イザ6・1）

1　預言者（イザヤ）が言うことには、生きている正義も在在するのです。そして、わたしたちが思ったことには、

キリストが正義であられ、聖であられ、償いであられ、知恵であられると、そう言うことができたのは使徒（パウロ）だけでした。しかし、おそらくこの使徒もまた、預言者たちに教えられることによって、正義が魂を持って生きているということを知ったのです。その正義とは何でしょうか？　神の独り子のことです。しかし、キリストは正義であられ、しかも生きて存在する正義であられると知ったのは、この使徒が初めてではありません。むしろ、この使徒は預言者の言葉からこの秘義をわたしたちに解き明かしたのですが、そのことは今日の朗読（箇所）の終わりであるこの章からはっきりといたします。すなわち、こう言われています。「誰が、東から正義を立ち上がらせ、それを自分の足もとに呼んだのか？」（イザ41・2）と。このお方は正義をお呼びになったのです。明らかなこととして、呼ばれた者（正義）が歩くのだから、この正義には魂（命）が与えられているのです。しかし、御父がキリストをお呼びになったということなのです。なぜなら、このお方（キリスト）はわたしたちの救いのために、わたしたちのところにやって来てくださり、天からわたしたちのところに降りて来られたからです。「すなわち、天から降って来た人である人の子以外に天に上った人はいない」のです。このお方（御父）は御子を東からお呼びになられたのですが、感覚で捉えることができるそこ（この世の方角としての東）からではなく、まことの光が来る東の方からお呼びになったのです。それゆえに、こう書かれています。――「誰が東から正義を立ち上がらせ、それを自分の足もとに呼んだのか？」　御父が御子をお呼びになったのです。あるいはむしろ、こう表現したら的確でしょうか、神が人をお呼びになったということなのです。つまり、このお方（御父）がその正義をご自分の御足のもとにお呼びになられたということは、すなわち、ご自身の御子の受肉を意味しているのです。それゆえに、わたしたちもまた、かのお方の御足の足台を崇拝するのですが、それは聖書に書かれている通りです。――「このお方の御足の足台を崇拝せよ。なぜなら、そこは聖なるところだからである」。まことに、神の尊厳は主の肉に帰するものだからです。

しかし、この朗読（箇所）の初めの部分はより深い解釈を必要としていますから、わたしたちは最高の王に対し、

(聴衆の声が)叫ばれて中断してしまった説教が再び開始されるようにと、[12] そして可能な限り、わたしたちがわずかでも解き明かすことができるようにと願いましょう。

2 「そして、ウジヤ王が死んだ年のことである。わたしは高き御座に主が座っておられるのを仰ぎ見た。そして、その家(神殿)は主の栄光で満たされた。そして、(二人の)セラフィムがそのお方のまわりに立っていたが、一人のセラフィムは六つの翼を持っていて、もう一人のセラフィムも六つの翼を持っていた。そして、セラフィムは(それぞれ)二つの翼によってその(お方の)顔を覆っていて、(それぞれ)二つの翼によってその足を覆っていて、(それぞれ)二つの翼によって飛んでいた。さらに、(二人の)セラフィムはお互いに呼び交わして言っていた。『聖なる、聖なる、聖なる万軍の主。地は主の栄光で満たされた!』」(イザ6・1—3)以下続く。本当に、わたしたちもイザヤが見た幻を見るために、見えなかった者に(霊的な)目を与えてくださったイエスをお呼びしましょう。なぜなら、わたしたちが秘義なる(御言葉の)朗読において語られることをはっきりと目にすることができるために、このお方は今であっても(わたしたちのところに)やって来てくださいますし、お働きになってくださるからです。さらに、わたしたちはこのお方に約束しましょう。もはやキリストの体を娼婦の体とはしないと、[13] あるいは、悲しむべき行いはしないと。わたしたちは皆、神に向かって心からそう言うべきであり、そして、このお方(キリスト)が今も来てくださることを願いましょう。なぜなら、もしイエスが来てくださらなければ、それらの(イザヤが目にした)ことをわたしたちは見ることはできないからです。わたしは、わたしのところにも一人のセラフィムが遣わされるように、そして、火鋏で取られた炭火によって、わたしの唇を清めてくれるようにと祈ります。[14] けれども、わたしは唇について何と言えばよいでしょうか? イザヤは聖なる者であったがゆえに、その唇だけが清められました。というのは、唇に関してのみ、すなわち、言葉においてのみ、イザヤは罪を犯していたからです。これに対して、わたしなどは次のように言えるような人ではありません。——「汚れた唇をわたしは持っている」(イザ6・5)。わたしは恐れています。自分が汚れた心を持ってはいないかと、汚れた目、汚れた耳、汚れた口を持ってはいないかと。わたしがそれらのすべて（の器官）において罪を犯している限り、わたしは全くもって汚れています。もしわたしが情欲のために女を見たとするならば、わたしは心において彼女に対し姦通を犯したのです[15]。それは、汚れた目なのだ！　もしわたしの心から姦通、放蕩、偽証などの悪い考えが出て来るのならば[16]、それは、汚れた心なのだ！「平和を告げ知らせる足、良きものを告げ知らせる足は、何と美しいことか[17]！」しかし、わたしは恐れています。自分が悪へと走り、汚れた足を持っていないかどうか。わたしは自分の手を（救いを求めて）神へと伸ばしてみても、おそらくこのお方は御顔を背けられて言われます。「もしお前たちが手を伸ばし（て祈っ）たとしても、わたしは顔をお前たちから背けよう[18]」と。それゆえに、誰がわたしを清めてくれるのでしょうか？　誰がわたしの足を洗ってくれるでしょうか？　イエスよ、来てください！　わたしは汚れた足を持っているのですから！　わたしのために僕となってくださって、あなたの水をあなたの鉢に注いでくださって、わたしの足を洗うためにやって来てください[19]！　わたしは自分が言っていることが大それたことであると知っていますが、しかし、次のように言っておられるお方の警告をわたしは恐れているのです。――「もしわたしがあなたの足を洗わないのならば、あなたはわたしと何の関わりもないのだ[20]」。それゆえ、（主よ、）わたしの足を洗い給え！　そうすれば、わたしはあなたと関わりを持てるのだから！　しかし、わたしは何と言おうか？「わたしの足を洗い給え」と言おうか？　足だけが洗われる必要があったペトロはそう言うことができるのです。確かに、彼は本当に清い人でした。しかしこのわたしは、一度洗われたとしても、主が言っておられるかの洗礼を必要としているのです。すなわち、「わたしには受けねばならない別の洗礼がある[21]」（と言われているところの洗礼を必要としているのです）。

なぜわたしたちはこのようなことを言ったのでしょう？　もし神の言葉[22]がやって来られて、そして、わたしたちのところに降りて来てくださるならば、わたしは自分自身と聴衆（の心）をより大きな秘義[23]に対して整えさせます。というのは、わたしは恐れているからです。神の言葉がわたしを退けないか、あるいはまた、わたしに対し祝福も拒まれるのではないかと。かつて（神の）言葉は、一人の罪人アカンのゆえに、この民（ユダヤ人）を拒絶されました。わたしは言いますが、ユダ族に属し、ゼラの孫であり、ザブディの息子であり[24]、神に対して不従順で、そのために呪われてしまったアカンという一人の罪人のゆえに、（神の）言葉はこの民を拒絶されたのです[25]。そして、今日は準備の日であるゆえに[26]会衆は大勢なのですが、そしてとりわけキリストの受難を思い起こさせる主の日[27]において、民は大勢いるものですが、――というのは、主の復活は年に一度だけではなく、あるいは八日目の度に[28]祝われるだけではありません。――神の御言葉がわたしたちのところに来てくださるようにと、全能の神に祈ってください。たとえあなたがたが罪人であっても祈ってください。神は罪人（の願い）を聞いてくださいます。もしあなたがたが、「わたしたちは、神は罪人（の願い）を聞いてはくださらないということを知っています[29]」という福音書で言われていることを恐れているのだとすれば、恐れることはありませんよ。そう信じてはいけません。このように言ったのは、盲人であったのですから[30]。むしろ、偽ることなく次のように言っておられるお方を信じてください。――「たとえお前たちの罪が緋のように赤くとも、わたしはそれを羊毛のように白くしよう。そして、もしお前たちが望み、そして、わたしに聴くのならば、少なくとも今、お前たちは地の良きものを食べるようになるだろう[31]」。せめて今、あなたがたが（神の言葉に）聞こうとするのならば、少なくとも今、（神の）言葉（なるキリスト）がやって来られるこの時に、預言者（イザヤ）の言葉に対し心を向けることができるようにと、共に主に祈りましょう[32]。

3　彼（イザヤ）は言っています。――「それは起こった。ウジヤ王が死んだ年に、わたしは万軍の主が高き御座に座っておられるのを仰ぎ見た」（イザ6・1）。「幻」と書かれています[33]。なぜ王の（死んだ）時が示されているのか？　注意してください。いつその幻が現れたのかを。ウジヤ王が死んだ時、イザヤは万軍の主が高き御座の上に座っておられるのを仰ぎ見たのです。わたしたちの中の誰であれ、ウジヤがどんな人であったのか、そして彼が何を行ったのか知っているのならば、預言者が霊によって教えること、すなわち、神の言葉がわたしたちに伝えていることを理解できるのです。わたしがウジヤ王の人生に関心を抱き、そして列王記や歴代誌を手掛かりにウジヤについて調べてみるとしましょう。その際にもわたしが見出すことができることは、わたしがいつの日にか、万軍の主が高き御座の上に座っておられるのを見るようになるためには、わたしにとってウジヤ王は死なねばならない、ということなのです。このウジヤはダビデの子孫に生まれ、そしてユダの民を治めていましたが、確かに賢きザカリヤが生きていた間には、――すなわち、歴代誌下にそのように書かれていますが――主の御前で正しく振る舞っていたのでした[34]。それだけではなく、彼は主のために大きな燭台を造り、神の神殿を整え、祭儀の分野で多くの功績を残したのです[35]。しかし、賢きザカリヤが死んだ時から、彼は悪に走ったのでした。あなたは彼が行った悪について知りたいと思いますか？ 彼は王でしたが、祭司ではなかったのにもかかわらず――王の地位が存在するとともに、祭司の地位も存在します――、神殿に入ることを望み、そして祭司の地位に就くことを要求し、彼には許されていなかった働きをなすことを望んだのです。彼は祭司たちに先んじて（神殿に）入り、供え物の器を我が物としたのです。しかし、当時大祭司であった者と八十人の祭司たちも（神殿に）入って来ました。彼に対して大祭司は言いました。「あなたはウジヤではないのか、あなたは祭司ではないのではないか？」と。ウジヤは乱暴に（振る舞うことを）続け、そしてレプラが彼の額に広がったのです。彼は死者として外に追い出され、神殿から出て行かされましたが、（それは）主が彼を（外に）連れ出されたのです。このようにして、彼は律法を犯したゆえにレプラにかかってしまったのでした[36]。それぞれの人は皆、罪の支配[37]にあるか、あるいは正義の支配にあるのです。もしわたしに対し罪が支配するのならば、わたしは荒々しく神殿に入るイスラエルの王たちの一人なのです。もしわたしが、わたし自身の（霊的）前進の度合いに応じた義なる者であり、正しく振る舞い、神の御前において堅く立っていれば、正義はわたしを支配しているのです。しかし、かのレプラの人（ウジヤ）が生きていた間は、イザヤは汚れた唇を持っていたのです。かの不義なる者が生きていた間は、イザヤは万軍の主を仰ぎ見ることはできず[38]、そして汚れた唇を持っていました[39]。なぜなら、イザヤは不義なる王の支配のもとにいたからです。では、いつ彼は神の幻を見始めるのでしょうか？「ウジヤが死んだ年のことである」[40]。神が許してくだされば、あなたはこれに似た多くのことを聖書の中に見出すことでしょう。出エジプト記において、これに似たようなことが書かれています。――「そしてしばらく後に、エジプト王は死んだ。そして、イスラエルの子らはうめき声を上げた。そして、彼らの叫び声は神に届いた」[41]。ファラオが生きていた間は、イスラエルの子らはうめき声を上げてはいませんでした。そして、懲らしめを受けている間、彼らはうめき声を上げるための自発的能力さえ持ってはいなかったのです。なぜなら、煉瓦とわらを作るように彼らに命じた[42]一人の王が生きていたからです。ファラオが生きていた間、彼らは神にうめき声を上げてはいなかったのです。ファラオが死んだ時、彼らは涙でぬれた顔を（天に向けて）上げることができたのです。サタン（悪魔）なるファラオが生きている間、悪の王がわたしたちの胸（心）の中に生きているのです。その時、煉瓦とわら（を作ること）にわたしたちは従事し、沈黙の内に涙を押し殺し、そして不義なる働きを始めるのです。しかし、主なる神がわたしたちを訪れてくださるのならば、彼（ファラオ）は死に、その時わたしたちは主にうめき声を上げるのです。それゆえに、願おうではありませんか！　わたしたちの死すべき体[43]の中にいる罪の支配（者）が死ぬようにと！　すなわち、こう書かれています。――「罪が死んで、わたしは生き返りました」。そして逆に、「罪が生き返って、わたしは死にました」[44]。罪の支配を握っている人ウジヤが死ねば、ファラオもまた死ぬのです。この極悪の王が死ねば、わたしは目を天に上げて、そして神はわたしの声を聞いてくださいます。アブラハムやイサクやヤコブにもそうしてくださったように。そして、わたしは万軍の主が高き御座に座られて支配しておられる[45]のを仰ぎ見るのです。この民はこのお方を仰ぎ見ませんでしたが、それはすなわち、（彼らにとっては）ウジヤがまだ死んでいなかったからなのです。

わたしはこれ（民の状態）とは反対のことで、（しかし）よい意味においてこれと似たようなことを付け加えたいと思っています[46]。賢きザカリヤが生きていた間、このウジヤですら、神の御前で罪を犯そうとはしませんでした[47]。（しかし、）ザカリヤが死ぬと彼は神から離れ、たちどころにこの民を支配し、町を支配したのです。そして、わたしたちは昼も夜も以下のようなこと――「お前は金を銀行に持って行くべきであったのに。そうすれば、わたしは（戻って）来て利息と一緒にそれを回収しただろうに」[48]。――を読み、そして、主が（そのように）言っておられることを聞けば、わたしたちは委ねられたムナを汗拭きタオルの中に包んでおくことはせず[49]、あるいは銀行にお金を持って行くこともしないのです[50]。そうではなく、わたしたちはそれを利子付きで諸々の民に貸す者でありたいのです。さあ、わたしたちはあなたがたに（来るべき）日曜日の決済を委ねた今、どのようにしてあなたがたが委ねられたものを利息付きで返してくれるのか、（いずれ）明らかにされることでしょう。アーメン！[51]

説教六[1] ――イザヤ書6章1―10節

「誰をわたしは遣わそうか？ そして、誰が行くだろうか？」（イザ6・8）と書かれたところから、「そして、彼らが悔い改め、わたしが彼らを癒すだろう（ことのないように）」（イザ6・10）と言われている箇所までについて。

6・1そして、ウジヤ王が死んだ年のことである。わたしは高く上げられた御座に主が座っておられるのを仰ぎ
見た。そして、その家は主の栄光で満たされた。2そして、セラフィムがそのお方のまわりに立っていたが、一
人のセラフィムは六つの翼を持っていて、もう一人のセラフィムも六つの翼を持っていた。そして、セラフィム
は（それぞれ）二つの翼によってその顔を覆っていて、（それぞれ）二つの翼によってその足を覆っていて、（それ
ぞれ）二つの翼によって飛んでいた。3さらに、セラフィムはお互いに呼び交わして言っていた。「聖なる、聖
なる、聖なる万軍の主。全地は主の栄光で満たされた」と。4すると、この（セラフィムの）叫び声によって敷
居は立ち上がり、その家は煙で覆われた。5そして、わたしは言った。「ああ、わたしは災いだ。なぜなら、わ
たしは失われた者だから。なぜなら、わたしは一人の人間で、汚れた唇を持っていて、汚れた唇を持つ民の中に

住んでいるから。なぜなら、わたしの目は王なる万軍の主を仰ぎ見てしまったから」。6 すると、セラフィムの
一人がわたしのところにやって来たが、その手は火鋏で祭壇から取った炭火を持っていた。7 そして、そのセラ
フィムはわたしの口に触れて言った。「見よ、これがあなたの唇に触れたので、これはあなたの咎を取り去り、
あなたの罪を取り除くだろう」と。8 そして、わたしは主が言われる御声を聞いた。「誰をわたしは遣わそうか？
そして、誰がこの民のところに行くだろうか？」　そして、わたしは言った。「見てください、わたしがここにお
ります！　わたしを遣わしてください！」　9 するとこのお方は言われた。「行ってこの民に言え。『あなたがた
は確かに聞くだろうが、理解しない。見ているあなたがたは見るだろうが、しかし認識することはない。10 なぜ
なら、この民の心は太って[2]いて、耳によって聞くのに重く、彼らは目を塞いでしまったゆえなのだが、それは、
彼らが目によって見ることなく、耳によって聞くことなく、心で理解することなく、悔い改めることのないよう
に、そして、わたしが彼らを癒すことのないようにするためである』と[3]」。（七十人訳イザ6・1―10）

1　イザヤは万軍の主が高く上げられた御座に座っておられるのを仰ぎ見ましたが、しかし、彼はこのお方の周りに立っていたセラフィム[4]も見ました。そして、祭壇から運ばれたところの、彼の唇に触れることによってそれを清めたところの火によって、イザヤの罪が赦されたのですが[5]、その際に彼は言っています。（自分がこの民のところに行くように）命じておられるのではなく、（誰を遣わせばよいかと）尋ねて言っておられる主の御声を自分が聞いたのだと。――「誰をわたしは遣わそうか？　そして、誰がこの民のところに行くだろうか？」　その際に、自分は主にお答えしたのだとイザヤは言っています。――「見てください、わたしがここにおります！　わたしを遣わしてください！」（イザ6・8）　しかし、この箇所において、（聖書に）書かれているこれらのことをわたしが調べてみる際に、

わたしはモーセがイザヤとは異なる仕方で振る舞ったことを見出すのです。つまり、（イスラエルの）民をエジプトの地から連れ出すために選ばれたモーセは言っています。「誰か別の人を見つけて遣わしてください(6)」と。また、（その際に）モーセは神に対して反抗しているように見受けられるのです。これに対して、イザヤは（自分が）選ばれてはいなかったのに、「誰をわたしは遣わそうか？　誰が行くだろうか？」と聞いた時、彼は言っているのです。「見てください、わたしがここにいます！　わたしを遣わしてください！(7)」と。それゆえ、二人の内どちらがより正しく振る舞ったのか、という霊の（事柄に関する）ことを、霊をもって比較しつつ(8)、調べてみるべきなのです。モーセは自分が選ばれた後に拒んだのに対し、一方、イザヤは自分が全く選ばれていないのに、この民のところに自分が遣わされるようにと名乗り出たのです。というのは、わたしには分かりません。両者それぞれにおいて見られる働きに対する反抗(9)に注目しながら、モーセがイザヤと全く同じように振る舞ったと言える人などいるのでしょうか。（そのようなことは誰も言えないと思います。）よって、大胆にわたしが聖なる祝福された二人の男たちを比較し、判断を下せば、モーセはイザヤより謙遜に振る舞ったと言えるのです。確かにモーセは、エジプトの地から導き出すために民の先頭に立つことも、またエジプト人たちの邪悪な魔術に対抗することも(10)、（自分にとって）偉大なことと見做したのです。よって、モーセは言いました。「誰か別の人を見つけて遣わしてください(11)」と。一方、イザヤは自分が言うように命じられようとしていたことについて聞くのを待たずに、あたかも自分がすでに選ばれていたかのように言っているのです。「見てください、わたしがここにおります！　わたしを遣わしてください！(12)」と。イザヤは自分に命じられようとしていたことを知らなかったのですが、「見てください、わたしがここにおります！　わたしを遣わしてください！」と言ったがゆえに、そう言った人（イザヤ本人）にとって望ましいものではなかったことを告げ知らせるようにと、彼は命じられてしまうのです。あるいは、イザヤが（この後）直ちに（主から）命令を受け取った際に、以下のような好ましくはない言葉をもって告げ知らせようとすることは、まことに相応しい仕方であったのではないでしょうか？[13]――「あなたがたは確かに聞くだろうが、理解しないだろう。そして、見て、認識するだろうが、あなたがたは見ないだろう。なぜなら、この民の心は太っているからである」（イザ6・9以下）以下続く。それゆえにおそらく、――しかしもし、わたしが大胆に言わせてもらうことができるのならば――自分が告げ知らせたくはなかったことを言うようにとイザヤが命じられているということは、厚かましさと大胆さのための報いを彼が受けたということなのです。しかし、わたしたちはイザヤとモーセを比較しましたので、これによく似た別の比較をも立ててみましょう。すなわち、イザヤとヨナとの比較です。かの者はニネベの住民に三日後の破滅を告げ知らせるために遣わされるのですが[14]、ヨナはこの住民の悪に対する裁きを望んでいないがゆえに、出発することを嫌がっています[15]。一方、イザヤは自分が言うように命じられようとしていた言葉を待たずして、次のように言ったのです。――「見てください、わたしがここにおります！　わたしを遣わしてください[16]！」

神に由来する尊厳ある身分や、教会における指導的立場と働きのために奪い合いをしないことは良いことです。願わくは、わたしたちがモーセに倣うことができますように。そして、モーセと共に言おうではありませんか。「誰か別の人を見つけて遣わしてください[17]」と。というのは、救われることを望む者は、たとえ指導的な立場にある人であったとしても、支配するために教会にやって来るのではなく、むしろ、仕えるためにやって来る者だからです。福音書から指摘する必要があるのならば、以下の通りです。――「確かに諸国の王たちは彼らを支配しており、そして、彼らに対して支配を握っている人たちは権力者と呼ばれている。しかし、あなたがたにおいては、そうであってはならない[18]」。「なぜなら、あなたがたを支配する王があってはならない。むしろ、あなたがたの中で、より大きくなりたいと望む者は、すべての人の中で最も小さい者となりなさい」。「一番になりたい者は、すべての者の中で最後の者となりなさい[19]」。それゆえに、司教（の職）に召される者は、支配するために召されるのではなく、公同の教会に仕えるために召されるのです。もしあなたが聖書から、教会において指導的立場にある人はすべての者の僕であるという[20]

ことを信じようとするならば、救い主なる主ご自身が（御身をお手本として示すことによって）あなたをそう確信させてくださることでしょう。このお方は偉いお方であられましたが、弟子たちの中で寝台（椅子）に寄りかかるような人ではなく、むしろ、あたかも給仕する人となられたのです。というのは、このお方は服を脱がれた後、亜麻布を手に取られ、それで帯を締められ、そして、水を盆の中に注がれ、弟子たちの足を洗い始められ、（それまで）締めておられた亜麻布によって（弟子たちの足を）拭い始められたのです。そしてこのお方は、主人は僕のようにならねばならないと教えられ、言われたのです。「あなたがたはわたしのことを先生とか主とか呼ぶのだが、それは正しい。確かにわたしはそういう者である。それゆえ、主であり先生であるこのわたしがあなたがたの足を洗ったのだから、あなたがたも互いに足を洗い合わねばならない」と。このように、仕えるためにこそ教会の指導者たちは召されるのですが、それは、仕えるその働きを通して天の御座に至ることができるようになるためなのです。そのことは次のように書かれてある通りです。――「あなたがたは十二の座に座ってイスラエルの十二部族を治めることになるだろう」。しかし、優れた人であるパウロが言っていることも聞いてください。パウロは言っています。自分はすべての信者たちの僕となったのだと。――「すなわち、このわたしは使徒の中で最も小さい者であり、わたしには使徒と呼ばれる値打ちはないのです。なぜなら、わたしは神の教会を迫害したのですから」。さらに、これらの言葉は僕としてのパウロ（の姿）ではなく、むしろ、彼が謙遜であったことだけを指し示しているのだとあなたは思うのならば、彼が言っていることを聞いてください。――「わたしたちはあなたがたの中で小さい者となりました。キリストの使徒として自分を大きく見せることができたのにもかかわらず、あたかも乳母が自分の子供たちを世話するかのように」。それゆえに、わたしたちが主ご自身の謙遜なお言葉と御業に倣い、そして主の使徒たちに倣う者となり、さらに、モーセが行ったことに倣うことは、良いことなのです。そうすれば、わたしたちはたとえ指導的な立場に召されるとしても、次のように言うことができるでしょう。「誰か別の人を見つけて遣わしてください」と。モーセは神に対して言っています。「わたしは以前から相応しい者ではないのです。わたしは言葉（声）に力がなく、舌が重い者なのです[29]」と。そして、モーセが「わたしは言葉（声）に力がなく、舌が重い者なのです」と、神に対して謙遜にそう言ったがゆえに、モーセは神から聞かされました。「誰が人に口を与えたのか？　誰が耳を聞こえなくし、口を利けなくしたのか、見えるようにし、見えなくさせたのか？　主なる神であるこのわたしではないのか？[30]」と。神を信じ、神に身を献げなさい！　あなたがたとえ言葉に力がなく、舌が重い者であったとしても、神の言葉に身を委ねなさい！　そうすれば、その後にあなたは言うでしょう。「わたしの口は開かれ、そして、霊を引き寄せた[31]」と。以上が、「見てください、わたしがここにおります！　わたしを遣わしてください！[32]」とイザヤが言ったことに関してでありました。

2　しかし、確固とした視点から、わたしたちはイザヤにも味方したいものであります。つまり、イザヤは神からすでに恵みを受け取った後で、彼はその恵みを無駄に[33]受け取ることを望まなかったのです。むしろ、その恵みを大切なもののために用いたかったのです。セラフィムを見ながら、高く上げられた御座に座っておられる万軍の主を仰ぎ見ながら、彼は言いました。――「ああ、わたしは災いだ。なぜなら、わたしは失われた者だから。なぜなら、わたしは一人の人間で、汚れた唇を持っていて、汚れた唇を持つ民の中に住んでいるから。そして、わたしの目は万軍の王なる主を仰ぎ見てしまったから」（イザ6・5）。このようにイザヤは言い、そして自分を惨めな者と名付けておりますが、その謙虚さを受け入れてくださる神からの助けを受け取っているのです。その助けとは何でしょうか[34]？　彼は言っています。――「セラフィムの一人がわたしのところにやって来たが、そのセラフィムは祭壇から取った炭火を火鋏の間に持っていた。そして、そのセラフィムはわたしの唇に触れて言った。『見よ、わたしがあなたの不義を消し去り、あなたの罪を取り除いた』と」（イザ6・6以下）。恩寵が与えられ、彼は清くさせられ、罪の赦しがなされたのです。イザヤが「誰をわたしはこの民のところに遣わそうか？　誰がわれわれのために行くだろうか？」と聞いた後、彼は（清き）良心を初めから持っていたゆえに、あえて次のように言うことができたわけではなかったのです。——「見てください、わたしを！　わたしを遣わしてください！」むしろ、次のように聞いたからなのです。——「見よ、わたしはあなたの不義を消し去った」[35]。それゆえに、聖なる者たちは（共に）見失われた者であるのです[36]。また、モーセとイザヤを比較するならば、モーセのためにも、そしてイザヤのためにも、聖書を根拠にしつつ、各々の境遇を配慮しながら、二人に対し、わたしたちは（公平に）弁明しようではありませんか。モーセは罪を赦してもらってはいなかったのです。よって、モーセは自分自身がすでに清き者と自覚している人のように、「わたしを遣わしてください！」とは言えなかったのです。それゆえに、モーセは言ったのです。「誰か別の人を見つけて遣わしてください」[37]と。すなわち、モーセはエジプト人を殺害したことを良心に抱えていたのでしょう[38]。しかしおそらく、モーセは自分が一人の人間として、他の幾つもの罪を犯していた者であることをも知っていたのでしょう。そのために、彼は拒んでいるのです。一方、このイザヤは、あたかも生来正しい人であるかのように、その務めを要求しているのではないのです。むしろ、自分が受け取った恵みのゆえなのです。もしモーセもまた同様の恵みを受け取っていたのならば、そして（その後）彼も、「見よ、わたしはあなたの不義を消し去った」と、「わたしはあなたの罪を取り除いた」[39]と聞いていたのならば、おそらく、決して言わなかったことでしょう。「誰か別の人を見つけて遣わしてください」[40]などとは。それゆえに、モーセが拒んでいることにも、そして、イザヤが「見てください、わたしがここにおります！　わたしを遣わしてください！」[41]と言っていることにも、それなりの理由があるということなのです。

3　しかし、彼らが主のご指示に従って民に対し言わねばならなかったことも見てみるとしましょう。——「行け、そして、この民に対して言え。『あなたがたは確かに聞くだろうが、理解しないだろう。そして、見て認識するだろうが、あなたがたは見ないだろう[42]。なぜなら、この民の心は太っていて、耳によって聞くのに重く、彼らは目を塞いでしまったゆえなのだが、それは、彼らが目によって見ることなく、耳によって聞くことなく、心で理解することなく、（彼らが）悔い改めることのないように、そして、わたしが彼らを癒すことのないようにするためである』と」（イザ6・9以下）。言葉を聞く二通りの仕方について、この人（イザヤ）は気付いていました。そして、（聞く言葉が持つ）二通りの性質について、この人は知っていたのです。すなわち、一方では肉体（身体）に関するものであり、もう一方は霊に関するものです。彼[43]はこの民に対して、キリストの到来において起こるであろうことについて予め告げ知らせたのです。つまり、彼ら（ユダの民）が我が主イエス・キリスト（の言葉）を聞いた際、彼らはただ語られた言葉の響きのみを聞いただけであって、その（真の）意味については聞くことがなかったゆえに、彼らが聞いてもそれ（キリストが語られた言葉）を理解しなかったその時がやがて訪れる、ということを予め告げ知らせたのです。そしてこのことは、このお方が外においてこの民に対しては譬えで語られて、しかし弟子たちに対しては秘密の内にそれらを解き明かされた[44]ことによって明らかにされていることなのです。彼は実際に起こったことを預言しているのです。——「あなたがたは確かに聞くだろうが、理解しないだろう[45]」。さらに、主の到来に関して、これらのことがこの民に対して預言されていたということは、救い主ご自身が言っておられることなのです。——「まことに正しくイザヤはあなたがたについて預言したものだ。彼は言った。『あなたがたは確かに聞くだろうが、理解しないだろう』と[46]」。それゆえに、この民は主の言葉を聞いていたにもかかわらず、言われたことを理解することができなかったということを、わたしたちは認めることにいたしましょう。

そして、わたしたちは続いて言われていることがどんなものなのか見ていきましょう。「そして、見ているあなたがたは見るだろうが、しかし認識することはないだろう」（イザ6・9）。かりに誰かが救い主による御業を見たとしても、見たことによって、直ちにそのお方がなさった御業の理由について理解することができたことにはなりません。例を挙げてみれば、このお方は弟子たちの足を洗われましたが[47]、弟子たちはこの先生が自分たちの足を洗われた様子をよく見ていたわけです。しかし、そこに居合わせた他の人たちもまた見ていたのですが、（弟子たち以外の人たちが見ていたのは、）ただ行われたことのみであって、なぜそれが行われたのか、ということを見ていたのではありませんでした。まことに、足を洗うということは、神の言葉が弟子たちの足を洗ったことの比喩だったのです。それゆえ救い主は、「わたしの足など、決して洗わないでください[48]」と言って拒んだペトロに対して言われたのです。しかし、救い主はどういう意味で言われたのでしょうか？「あなたは、今は分からないが、しかし、後で分かるようになる[49]」と？　ペトロは、「あなたは今、何をなさっているのですか？　わたしはあなたがわたしたちの足を洗っておれることを見ていて、そして、鉢が置かれ、亜麻布をあなたは身にまとわれ、そして、あなたはわたしたちのために給仕しておられて、わたしたちの足を拭っておられるのをわたしたちは見ています[50]」と（いうような意味を込めて）言っているのです。しかし、このこと（弟子たちの足を洗う行為）が本来の救い主の働きではなかったゆえに、「わたしがしていることを、あなたは今理解することはできないが、しかし、後で分かるようになる[51]」と救い主は言われたのか。いいえ（、弟子たちの足を洗う行為は本来の救い主の働きであったのです。）、すなわち、救い主が裸になられて、聖書に即した霊の水を鉢に注がれ、そして、弟子たちの足を洗っておられるのは、彼らが清くなり、彼らが「わたしは道である[52]」と言われるお方のもとへと上って行く[53]ためなのです。そして、（救い主が弟子たちの足を洗われたのは、）弟子たちが（御言葉に）相応しくはない人たちの上に、また、（弟子たちが伝えた）平和を受け入れず、弟子たちが言った言葉に相応しくはない人たち[54]の上に払い落とすことを救い主が望んでおられたところの埃に、弟子たち（自身）が満たされることのないようにするためなのです。そして、こういったことがこのこと（弟子たちの足を洗う行為）の本当の意味でありましたので、救い主は言われたのです。「わたしがしていることを、あなたは今理解することはできないが、しかし、後で分かるようになる[55]」と。しかしそれから、次のように救い主は言われたのです。――「あなたがたはわたしのことを先生とか主とか呼ぶのだが、それは正しい。確かにわたしはそういう者である。それゆえ、主であり先生であるこのわたしがあなたがたの足を洗ったのだから、あなたがたも互いに足を洗い合わねばならない[56]」。よって、司教（の座にある者）は鉢に水を注ぎ、自分の衣服を脱ぎ、亜麻布を身にまとい、このわたしが[57]足を伸ばしたのならば、このわたしの足を洗うべきであると、（このような意味において）救い主は言っておられるのでしょうか？「あなたがたも互いに足を洗い合わねばならない[58]」と？　もし救い主が（このような意味において）そう言われているとしたら、わたしたちの中の誰一人、命じられたことを実践することはできていないでしょう。つまり、奉仕者であれ、長老であれ、司教であれ、誰かがやって来たとしても、彼らの誰一人、亜麻布を身にまとい、（やって来た人たちの）足を洗ったりはしないでしょうから。しかし、もしあなたが（聖書に）書かれたこと（の真の意味）を理解するのならば、本当に祝福された司教たちは、教会に仕え、聖書からの水を魂の鉢に注いでいる人たちなのです。このことは聖書（における救い主が命じられたこと）に適うことなのです。そして、彼ら（司教たち）は弟子たちの足の汚れを洗い、それを遠ざけ、取り払おうとしているのです[59]。こうして、イエスに倣うことによって、司教たちは（救い主に）命じられたことを守っているのですが、長老たちもそれは同様です。願わくは、このわたしも今、あなたがたの魂の足を洗うための水を受け取ることができますように。それは、あなたがた一人一人が洗われて、次のように言うことができるようになるためです。――「わたしはわたしの足を洗いました。どうしてそれを（再び）汚すことができましょう？[60]」　すなわち雅歌において、花嫁はこのように言っているのですが、彼女はその際に、身体としての洗われた足について言っているのではなく、つまずくことのない足[61]について言っているのですが、それについてはソロモンも言っています。――「あなたの足はつまずくことはない[62]」。さらに詩編にも書かれています。――「もう少しでわたしは足が揺り動かされそうだった[63]」。一方、教会におけるやもめについてもこう定められております。――「もし彼女が聖なる者たちの足を洗ったというのならば[64]」。しかし、もしあなたが、やもめが聖なる者たちの足をどのように洗うのか、より明らかな仕方で聞くことを望むのならば、パウロが別の箇所でやもめたちに対して指示して言っていることに聞いてください。――「彼女たちは、若い女性に貞淑さを教えるための、良きことを教える教師であるべきです[65]」。つまり（言い換えれば）、彼女（やもめ）たちは若い女性の足の汚れを洗う人であるべきなのです。そして、霊的な教えが込められた御言葉をもって、聖なる者たちの足を洗うやもめは誰でも、教会において栄誉を受けるのにふさわしいのです。もちろん、（足を洗う相手は）聖なる男たちではなく、聖なる女たちに対してです。わたしは女性が教えることを許しませんし、女性が男性の上に立つことも許しません[66]。パウロが望んでいるのは、女性が若い男性に対してではなく、若い女性を貞節さへと促すような、良いことを教える教師となることなのです。――なぜなら、女性が男性の教師となることは相応しいことではありません。――むしろ、女性が若い女性を貞節さへと導き、夫と子供たちを愛する者[67]へとなさしめることをパウロは望んでいるのです。それゆえに、わたしたちは自分の弟子たちの足を洗うことを学ぼうではありませんか[68]。以上、「見ているあなたがたは見るだろうが、しかし認識することはないだろう[69]」という言葉についてでした。

というのは（以上のように語ってきましたが）、救い主が何かをされたとしても、それについて理解しなかった人たちは、それを身体的に見ていたのであって、それを精神的（霊的）には見ていなかったということなのです。一方、それについて理解した人たちは、確かに目で見たのと同時に、しかしまた、精神的（霊的）な仕方でもそれを見たのです。こうして、「見ているあなたがたは見るだろうが、しかし認識することはないだろう[70]」と書かれた言葉が、幸いな仕方で見ていた人たちに対してではなく、罪人たちにとって実現したのでした。これに対して、わたしたちは福音書に書かれたことすべてについて見ている者です。そしてわたしたちは、我々の救い主が地上に来られた際、救い主が身体的な仕方で物事を行われた様を、二通りの見方で見ることができるようにと願うのです。なぜなら、このお方の身体を通してなされたことはすべて、未来のことの譬えと予型であったからです。たとえば、生まれつき目が見えなかった或る人[71]が視力を取り戻しました。しかし本当のところは、救い主が唾をその人の目にお塗りになることによって、視力を回復させられたその生まれつき目が見えなかった人は、異邦の民（を象徴する人）のことであったのです。そして、救い主は彼を「『遣わされた』と訳される[72]」シロアムに遣わされました。なぜなら、救い主が霊によって油を注がれた人たちは、信じる者となるために、救い主によってシロアムに遣わされたのですが、それはすなわち、シロアムについては「『遣わされた』と訳される」と書かれてあることに従って、彼らが使徒たちや教師たちのもとに遣わされたということなのです[73]。そして、わたしたちが魂の目を回復するためにはいつでも、まずイエスの方からわたしたちのもとを訪ねて来てくださるのですが、（その後に）わたしたちは「遣わされた」を意味するシロアムに遣わされていくのです。それゆえに、わたしたちは皆、福音書における出来事について読む際には、「見ているあなたがたは見るだろうが、しかし認識することはないだろう[74]」という言葉が自分にも実現しないようにと願いましょう。

4　しかし、単純な人たちが考えてしまうように、かの（福音書に記された）出来事はわたしたちのためではなく[75]、ただの出来事に過ぎず、別の物事の例え（譬え）としてのものではなかったのならば、「見ているあなたがたは見るだろうが、しかし認識することはないだろう[76]」という言葉がどのような意味を持っているのか、そのことを彼ら（単純な人たち）は説明すべきです。なぜなら、身体的な目によって物事を霊的に観察しようとしたとしても、もし人が見た物事が（そもそも）別の聖なる意味を持っていなかったのだとすれば、イザヤは決して言わなかったことでしょう。「見ているあなたがたは見るだろうが、しかし認識することはないだろう[77]」などと。しかし、このこと（物事は何か別な意味を有しているということ）を証明するために、福音書からもう一つの聖書の証言を持ち出してみましょう。その証拠は、ただ（聖書に書かれた）文字のみに従う人たちにとっては、偽証となってしまうものなのですが[78]。ヨハネによる福音書によれば、わたしたちの救い主なる主は弟子たちに言っておられます。「もしあなたがたが信じるのならば、このわたしが行うことをあなたがたが行うようになるだけではなく、それよりももっと大きなことを行うようになる[79]」と。だとすれば、わたしたちは調べてみようではありませんか。弟子たちが（救い主の御業）より偉大なことを他に行ったのかどうかを。死者を蘇らせることよりも大きなことなどあるでしょうか？[80] わたしは言いません。わたしたちの誰かがそれを行えたなどとは。しかし、弟子たちの誰かが死者を蘇らせたのでしょうか？ 使徒言行録によれば、パウロはエウティコを死者の中から蘇らせましたし[81]、ペトロも「ドルカス」と訳されるタビタを蘇らせました[82]。このようなことや、これと似たようなことを見出すことができるにしても、どこにそれ（死者を蘇らせること）より大きなことがあるというのでしょうか？ しかし、救い主は盲人も再び見えるようにさせられました。そして、さらにより大きなこととして、救い主は生まれつき盲人であったような人たちを再び見えるようにさせられたのです[83]。彼らは示してみるがよい[84]。母の胎より盲人であった人たちで、使徒たちの手によって癒された人たちを見つけたのならば。そして、調べてみるならば、使徒たちも彼らの後継者たちも、これらのことよりも大きなことは行わなかったということを、福音書の中の数え切ることができない程の証拠をもって見出すことができるのです[85]。（よって）むしろ、聖書の言葉は以下のようなことを告げているのです。――このわたし（イエス）が行った身体的な物事よりも偉大なことを、あなたがたは行うであろう。このわたし（イエス）は身体的に死者を蘇らせたが、あなたがたは霊的に死者を蘇らせるであろう。このわたし（イエス）は盲人に対し、この感覚できる光を注いだが、あなたがたは（霊的に）見ることができない人たちに対し、霊的な光を与えるだろう。――今日に至るまでずっと、イエスが行われた身体的なことに関わるしるしよりも偉大なしるしが、大いなる信仰を宿したイエスの弟子たちによって成されているのをわたしは見ています。今、（霊的に）見（ることができ）ている盲人は存在しないのでしょうか？（霊的に）歩いている人で、（身体的に）足の利かない人は存在しないのでしょうか？（霊的に）清められているレプラの人は存在しないのでしょうか？ その他のことも成されていないというのでしょうか[86]？ もし昨日は偶像のところにそれがあたかも神であるかのように近付いていたような（霊的な）盲人が、今日は生ける神に呼びかけ、以前のものを捨て去っている者になっているとしても？ あるいは、昨日は罪のゆえに（霊的に）足が利かない人であったけれども、今は弟子たちの真理の道に関する教えによって教えられ、確固とした足で（霊的に）歩いている人はいないのでしょうか？あるいは、昨日は良き行いのために用いることができない、（霊的に）萎えた手を持っていた人で、[87] 今日は元に戻り、生き生きとした（霊的な）手を持っている人はいないのでしょうか？　もしあなたが、汚れて魂がレプラにかかったようなある人を見て、その人が突然、教えを説く御言葉によって心が突き刺され、悔い改めるに至ったのを見るならば、あなたは認めざるを得ないでしょう。ある人が身体的に癒されたことよりも、この霊的なレプラの人が癒されたことの方が偉大であると。[88] さあ、以上が「そして、見ているあなたがたは見るだろうが、しかし認識することはないだろう」[89] と言われた箇所が何を意味するのかを説明しようとして、長く続けて来た話でした。

5　それにしても、聞く者が理解せず、見ている者が見ないということ[90] の原因はどこにあるのでしょうか？「太っているのだ、この民の心は」（イザ6・10）と書かれているのです。[91] もしこの（言葉の）意味も本当に明確にされる必要があるのならば、身体的に太っていることと霊的に太っていることとは同じではないということになりますし、同様に、身体的に痩せていることと霊的に痩せている（繊細である）こととは同じではないということになります。なぜなら、身体的に太っていることは、身体に関わることなのであって、もし肉的な心[92] が太っていたとしても、それはわたしに対し何の害も及ぼさないからです。また、衰弱や何らかの原因によってそれが痩せていたとしても、わたしにとって何の意味があるでしょうか。しかし、わたしが思いますに、恐れに捉われている人たちの肉的な心に関しては次の通りです。すなわち、よく言われる通り、病気によって全身が痩せていくのと同時に、心の脂肪とその回りの脂肪もすべて減少していくのです。それゆえに、わたしの心が身体的に太ったとしても、わたしに何の害があるでしょうか？　また、かりにわたしの心が痩せたとしても、それ自体、わたしに何の利益があるというのでしょうか？一方で、「身体的な心」といった名目上の概念（言葉）をもってして、わたしたちの魂の一番大切な部分[93] が言い表されますが、それは「心の清い人は幸いである」[94] と福音書に言われていることからも明らかです。つまり、心の清い人とは、血もその他の肉体的な物質も内に持っていない人のことではないのです。そうではなく、「心の清い人は幸いである」という表現は、心（という概念あるいは言葉）をもって魂の一番大切な部分のことが言及されつつ、清い心を持っている人が幸いな人であるということを意味しているのです。こういうわけで、身体上の心に存在すると言われるわたしたちの魂の最も大切な部分は、清いものか、あるいは、清くないものであるのです。そこから悪い考え、すなわち、殺人、姦淫、盗み、偽証、冒瀆[95]といったものが出て来るのならば、わたしたちの心は清くないのです。反対に、聖なる思考や神の洞察や、混じり気のない考えが出て来るのならば、わたしたちの心は清いのです。したがって考えられることとして、救われる人は繊細なる聖霊によってその心は痩せていると言えますし、一方、罪を犯す人の心は悪徳によって太り、窒息の状態にあるものと呼ぶことができるのです。（「救われる人は繊細なる聖霊によってその心は痩せている」と今言いましたが、）というのは、知恵を伴う聖霊について言われることとして、それは「独り子であり、多様な形をとり、繊細であり、機敏である[96]」ものと言われているからであり、そして、（救われる人である）義なる者がこの繊細な霊を受け取るからです。確かにこの霊（聖霊）は、（他の）すべての思考的な、清く、繊細な諸々の霊[97]とは異なるものなのです。それゆえ、心の最も大切な部分[98]は、聖霊によるものである限り繊細なものですが、一方、肉体（身体）的な悪徳によって重くさせられたものである限り、（そして）叱責に値する肉の思いに満ちている限り、それは太っていることになるのです。このような意味において、「この民の心は太っている[99]」と言われているのです。理解してください。心が人間的な肉の思い煩いにのみ捉われていれば、心は太っているのです。まさに、肉体（身体）的に太っているような仕方で、肉における理解や思いが太っているのです。よって、この世の物事に対する思い煩いによって心を太らせるのか、あるいは、霊的なものに対する配慮によって心を痩せさせる（繊細にする）のかといった、二つの選択が存在するのですが、主のことを思って考える人ならば、自分の心から脂肪を追い払うのです。そして、その人は知っているのです。もし自分の心が太ってしまうのならば、自分は神の言葉を受け入れず、救済の秘義について（霊的に）見ることもないということを。だから、わたしたちは肥満を捨てようではありませんか！　そして、指摘されているところの繊細さを受け取ろうではありませんか！　わたしたちもまた、預言者[100]のように言うことができるために。「わたしの魂は、どんなにかあなたに飢え渇いていたことか。わたしの体が見捨てられた道のない水の乏しい土地において、あなたに飢え渇いていたように。こうしてわたしは聖なる場所であなたの御前に出ました[101][102]」——（そうすることができたのは）あたかもわたしが生まれつき聖なる者であったからではありません。むしろ、肉の賢さ[103]が消えて行き、肉の賢さが完全に消滅すれば、その時には、わたしは（聖霊による繊細という瘦せた姿で）あなたの御前に出ることになるのです——と。以上が、「なぜなら、この民の心は太っているからだ[104]」と言われている箇所についての説明でした。

6　さて続いては、「そして、彼らは耳によって重く聞いていた」（イザ6・10）とあります。もしわたしが身体的に聞くのが難しいとしても、わたしにとって何の害もありませんし、神の言葉を聞くための妨げにもなりません。つまり、もしわたしの魂が盲目となっていなければ、身体的に目が見えないことがわたしを害することがないように、身体的な聴覚の良し悪しは、わたしにとって、問題とはならないのです[105]。しかし、人間の魂を害することになる聴覚の重さ（難しさ）といったものが存在します。魂の聴覚におけるその重さ（難しさ）とは、どのようなものでしょうか？　聖書に従えば、罪こそ重いものなのです。よって、自分の罪に気付いている人は言っています。——「重い重荷のように、罪はわたしの上に重くのしかかっています[106]」。そして、ゼカリヤ書において書かれていますが、不正は重いゆえに、彼女（不正を象徴する女）は鉛の重りの上に座っているのです[107]。また、エジプト人たちは、身体的に重かったゆえに、「荒れ狂う海の中に鉛のように沈んだ[108]」のではありませんでした。むしろ、不正がその上に座っていたところの鉛の重さによって、彼らの魂が重かったゆえに、「荒れ狂う海の中に鉛のように沈んだ」のです[109]。それゆえに、耳が重いのは罪のためであり、耳が軽いのは義によっているのです。耳を聞くのに重くするのではなく、むしろ、耳を聞くのに軽くするためのものは何なのでしょうか？　御言葉の翼であり、徳の翼であります。すなわち、御言葉の翼が大いなる機敏（軽さ）をもたらすのです。――「誰がわたしに対し、（飛び去って）休むことができるための鳩のような翼を与えてくれるのか[110]？」　預言者は身体的な意味での鳩の翼を身につけようと願いながらこのように言っているのではありません。むしろ、聖霊の鳩の翼[111]を願っているのです。しかし一方で、ソロモンは富める者たちについて言っています。――「彼は自分のために鷲のような翼を作り、彼の主人の者の家に向き直って来る[112]」。それゆえ、もしわたしたちが翼を受け取るのならば、聞くに容易くなるのです。一方、もしわたしたちが罪を犯し、翼を疎かにし、自らの翼を降ろすのならば、わたしたちは重くなり、そして聞くのに重くなるのです。このようにして、罪人は彼らの重い耳をもって聞いているのです。当時救い主の言葉に聞いていたユダのすべての民は、それを重く聞いていたがゆえに、信じるに至らなかったのです。聖書（の言葉）にどんなに聞いていても、（聞くのに）軽い霊的な言葉に聞くことはなく、重い文字、そして殺す文字[113]を聞いて（読んで）きた人たちが、今日でもなお重く聞いているのです。そして、このようにして、聖書は二通りに聞かれるのです。（聖書で）言われていることを（霊的に）理解しない人は、（聖書の言葉を）重く聞くのに対し、反対に、聖書を理解する人は、重く聞くことはないどころか、むしろ、聞く者に洞察力をもたらす繊細な聞き方でもって（聖書の言葉を）聞いているのです。

7　さらに、ユダの民について別のことが預言されていますが、もしわたしたちが罪を犯すのならば、それはわたしたちすべてに対しても預言されていることになるのです。――「そして、彼らは目を塞いでしまったのだが、それは、彼らが目によって見ることなく、耳によって聞くことなく、心で理解することのないように」（イザ6・10）。見ない人たちの中には、盲目のために見えない盲人たちもいますし、暗闇にいるので見えない人たちもいるわけですが、しかし、暗闇にいるのでもなく、盲人でもないのに、（自ら）目を閉じているゆえに見ることがない人たちもいます。そして、神の聖書はこれらの違いがわたしたちの最も大切な部分である心に関することであることを知っているのです[114]。すなわち、救い主は言っておられます。「獄にいる者たちに対しては、『出でよ』、暗闇にいる者たちに対しては、『彼らに明らかにされるように[115]』、さらに、死の陰の土地に住んでいた人たちに対しては、『彼らに光が現れた[116]』」と（救い主は言っておられます）。これらの者たちは暗闇の中にいたので、光が彼らに対して現れる時まで見ることができなかったのです。「耳の聞こえない人たちよ、聞け、目の見えない人たちよ、見よ！[117]」これらの者たちは、生まれつき盲人であったがゆえに、以前は見ていなかったのです[118]。これらの人たちとは別に、これらの盲人たちや、そして暗闇にいた人たちと比較して、さらに悪い状態にある人たちがいますが、その人たちとはすなわち、自ら目を閉じていたゆえに見ていないような人たちなのです。わたしたちが主張した通りであることを、救い主がわたしのための証人となられて言っておられます。――「もしあなたがたが見えなかったのならば、罪は無かっただろうに。しかし、あなたがたは今、自分たちは見えていると言っている。よって、あなたがたの罪は残る[119]」。真に正しく（主によって）言われております。「あなたがたは、自分たちが見えていると言っている」と。つまり、彼らは自分たちが見ており、見るための能力も持っているのだと正しく言っているわけですが、しかし、彼らは目を閉じていて、見てはいないのです。そして、もしあなたが理解するための優れた力を持った一つの魂に出会ったとしても、そして、その魂が迅速で活発であったとしても、しかし、それが神の言葉について思いを巡らすことがない魂であるのならば、気付きなさい、その魂は盲人であるがために聖書の中身を見ていないのではなく、その魂が暗闇にいるから見ていないのでもありません。その魂が目を閉じているから見ていないのです。それゆえ、もしあなたが目を塞いでいる人たちに対して言われている聖書に聞くのならば、つまり、「あなたの目を開き、正しいものを見よ[120]」という言葉に聞くのならば、目を開きなさい。なぜなら、あなたは目を閉じていたからです。今やあなたは正しいものが見えるようになり、真実の光を考察することができるようになるでしょう。そして、きっと真理の光は尋ね求めて来た人たちを訴えるはずです。なぜ見ないために目を閉じるのかと。けれども、真理の光は魂の目を閉じることも場合によっては益があるということを否定してもおりません。確かにそれは益があることなのです。そのことは、イザヤがはっきりと次のように言っていることでもあります。――「誰があなたがたに対して、永遠の場所を告げ知らせるだろうか？　その者は正義の内を歩み、真実で正しい道について語り、血の判決を聞かないために耳を塞ぎ、悪を見ることがないように目を閉じる」[121]。もしわたしが魂の目を開いて、みだらな話を聞いてそれについて思い巡らす、そのようなことが起ころうとするのならば、（そのような時には、）害あるものを聞いたりそれに理解を示したりすることよりも、（魂における視覚や聴覚のための）出入口を塞ぐことの方が望ましいのです。ならば、わたしはいつそれを閉じようか？　悪い言葉が語られている時、それに対し理解を示さないようにしたいものです。神の言葉に目が向けられるべき時に、わたしたちは（神に）向き直りましょう。そうすれば、わたしたちの神はわたしたちを癒してくださり（イザ６・10）、キリスト・イエスにおいて癒されることを望む人たちを癒すための御言葉を送ってくださいます。このキリスト・イエスに、栄光と力とが世々限りなくありますように、アーメン！

説教七 ――イザヤ書8章16―20節

「見よ、わたしと、神がわたしに与えてくださったわたしの子供たちを」（イザ8・18）以下の言葉について。

8・16 その時には、学ぶことができないように、教えを閉じる者たちが明らかにされるだろう。17 そして、その
人[1]は言うだろう。「わたしはヤコブの家から御顔を背けられた神を待ち望み、神に信頼を置く者となるだろう。
18 見よ、わたしと、神がわたしに与えてくださった子供たちを。そして、彼らはシオンの山に住まう万軍の主に
よって、イスラエルの家におけるしるしと奇跡となるだろう」。19 そして、もし彼ら（人々）があなたがたに対し、
次のように言うのなら――「地から声を響かせる者たちや、腹話術をする者たちや[2]、腹から空しい言葉を叫ぶ者
たちに伺いを立ててみよ。民は自分の神のところに行くべきではないのか？ なぜ彼らは生きている者について、
死者たちに伺いを立てるのか？」 20 なぜなら、それのために何の贈り物[3]も与えられることのないこの言葉のよ
うなものを、彼らが語ることがないようにするために、このお方（万軍の主）は助けとして教え（掟）を与えて
くださったのだ。

（七十人訳イザ8・16―20）

事実、人を聖なる者となさる方も、聖なる者とされる人たちも、すべて一つの源から出ているのです。それで、イエスは彼らを兄弟と呼ぶことを恥としないで、「わたしは、あなたの名をわたしの兄弟たちに知らせ、集会の中であなたを賛美します」と言い、また、「わたしは神に信頼します」と言い、更にまた、「ここに、わたしと、神がわたしに与えてくださった子らがいます」と言われます。ところで、子らは血と肉を備えているので、イエスもまた同様に、これらのものを備えられました。

（新共同訳ヘブ2・11―14a）

1　「賢い人に機会を与えてみよ。そうすれば、その人はさらに賢くなるだろう[4]」。このように神の言葉は告げ知らせました。しかし、預言者（イザヤ）の言葉を理解するために、最も聖なる使徒の機会[5]をつかまえながら、わたしたちは神に祈りましょう。使徒たちのこの機会によって、わたしたちが預言者たちを解釈するために、知恵を得てさらに賢くなれるようにと、神に祈りましょう。「見よ、わたしと、神がわたしに与えてくださったわたしの子供たちを」（イザ8・18）という言葉を思い浮かべた後に、使徒は続けて詳しく語っています。――「それゆえ、子供たちは血と肉に共に与ったゆえに、このお方ご自身も血と肉に与っている子供たちに全く似た者となられたのです。それは、このお方が悪魔と呼ばれる死の支配者を、（ご自分の）死をもって滅ぼされ、そして、死の恐れによって生涯にわたって奴隷の状態に陥っていたすべての人たちを解放なさるためでした」（ヘブ2・14以下）。それゆえ、子供たちは血と肉に与ったがゆえに、わたしたちの救い主も血と肉に共に与ってくださったのです[6]。ご自身の神の本質としては、血と肉をお受けになることは（このお方にとって）異質なことでした。しかし、このお方はわたしたちのために、ご自分にとって異質なものであったところのものを受け取ってくださったのですが、それは罪のために（神とは）異質な者となってしまったわたしたちを、ご自分の家族としてくださるためでした。使徒もこのように説明して言いました。「それゆえ、子供たちは血と肉に共に与ったゆえに、このお方ご自身も血と肉に共に与っている子供たちに全く似た者となられたのです」と。しかし、このわたしは次のように言わせていただきます。子供たちが血と肉に与ったがゆえに、このお方ご自身も、血と肉に共に与っている子供たちと全く似た者となられたのですが、それと同様に言えることは、子供たちはより厳しい御言葉に聞くことができないゆえに、——というのは、子供たちは神の言葉を子供に相応しい仕方で聞くことが必要です。——このお方は血と肉に共に与っている子供たちのその血（と肉）の状態となられて、あたかも小さな子供たちに対するかのように語られ、天上のことや言い表しがたいことも語られず[7]、小さな子供たちが理解できるところのものを語られるのです。もし御言葉の完全さと比較するならば、すべての人は小さな子供たちなのです。モーセに言及するにしても、預言者たちの一人や、女から生まれた者の中で最も大いなる者であった（バプテスマの）ヨハネ[8]について言及するにせよ、使徒たちや、陰府の門も打ち勝つことができないペトロ[9]にしても、第三の天にまで引き上げられ、名状しがたい言葉を耳にしたパウロ[10]にしても、（皆、小さな子供たちなのです。しかし、）わたしたちはこれらの人たちの栄誉を貶めて（次のように）言うことはできないのです。（つまり、）この人たちも、この人たち自身が理解したものにおいて、（しかもそれは、）この人たちが理解しなかったものと比較すれば、人間に言い伝えられたところの小さな子供たちの知識に（過ぎないものに）おいて理解していたのだ、とわたしたちが言うことによって（、わたしたちはこの人たちの栄誉を貶めてはならないのです）。こうして救い主は、パウロがキリストにおいて小さな子供たちと名付けている人たちや、そして彼が付け加えて言っているところの、固い食物ではなく、乳を摂る人たち[11]についてだけでなく、すべての人たちについても等しく言っておられるのです。「見よ、わたしと、神がわたしに与えてくださったわたしの子供たちを[12]」と。しかし、子供たちに関して言えば、他の子供たちよりもより熱心な子供たちが存在するように、また、伝えられたことをより早く把握する子供たちが存在するように、わたしは思うのですが、モーセや預言者たちや、そして主イエス・キリストの使徒たちも、彼らは才能ある子供たちに似ているのです。（しかし、）たとえどんなにこの人たちが成長したとしても、この人たちは自分自身のことを、子供の成長による成長を遂げたのに過ぎないものと考えていたゆえに、[13] 彼ら（の一人）[14] はこう言いました。――「わたしたちの認識は一部分、預言も一部分[15]」。なぜなら、この人たちはまだ真実なものを眺めることができず、その影を眺めていたのに過ぎなかったからです。全き光ではなく、ぼやけた像を眺めていたのに過ぎなかったからです。それゆえに、この人たち（の一人）は再び言いました[16]。「わたしたちは、今は鏡によって、あるいは謎によって見ていますが、しかしその時には顔と顔とを交えて見ることになるのです[17]」と。これらの言葉を良き理解をもって聞くのならば、自分の知識やいかなる賜物についても誇ったり偉ぶったりする（ことができる）人などいるのでしょうか？ なぜなら、子供たちに分け与えられたものは、大人の人たちに取って置かれているものに遠く及ばないからであり[18]、よって、たとえより明晰でより鋭敏な理解力を有した子供たちに属すると思われている人たちであったとしても、高ぶったり威張ったりすることは許されないのです。しかし、救い主もご自分の子供たちと名付けられたすべての人たちのことを、彼（イザヤ[19]）はそういった（意味での霊的な）子供たちとして名付け、そして、言っているのです。――「見よ、わたしと、神がわたしに与えてくださったわたしの子供たちを[20]」。救い主もこの子供たちを神から贈り物としてお受けになったのです。というのは、救い主をお遣わしになったお方（御父）が引き寄せて連れて来てくださることがなければ、誰も救い主のもとに来ることはできないからです。このことはヨハネによる福音書からわたしたちが学んだ通りです[21]。そして、このお方は信じる者たちを贈り物として御父から受け取られましたので、その人たちについてこのお方は預言して言っておられるのです[22]。「見よ、わたしと、神がわたしに与えてくださったわたしの子供たちを[23]」と。御父が与えてくださることになった子供たちを、まだ御父ご自身が持っておられた時は、子供たちを受け取られた御子が子供たちを持ってはおられなかったかのように考えることは許されません[24]。

2　続いて、救い主は預言者を通してやがて起こるべきことを預言され、ご自分が子供たちを受け取られた後、イスラエルにおいてしるしと奇跡が起こるであろうと言われております。このように書かれています。――「そして、シオンの山に住まう万軍の主によって、イスラエルにおいてしるしと奇跡が起こるであろう」（イザ8・18）。すなわち、このお方（万軍の主）は眺めの良い場所に住んでおられ、すべての人の魂の中の真実を見極めることがおできになり、救い主を通してしるしと奇跡を行われ、救い主がおられなくなった後には、使徒たちを通してしるしと奇跡を行われているのです。そして、神のしるしと奇跡の御業をなすために相応しい人が見出されるのならば、神はその人の魂を配慮されるということにおいて、あるいは、神は（霊的に）見ている人たちを確固とした仕方をもって信仰へと励まされるということにおいても、神は何もしてはおられないのではありません。神は当時もしるしや奇跡をなされ、そして今もその働きをなされているのです。「そして、もし彼らがあなたがたに対し次のように言うのなら、――『腹話術をする者たちや、地から叫ぶ者たちや、無益なことをおしゃべりする人たちや、腹から叫ぶ者たちに尋ねてみよ。民は自分の神に尋ねるのではないのか？　なぜ生きている者について、死者たちに尋ねるのか？・』」（イザ8・19）　注意してください。書かれたことははっきりとしませんが、神ご自身がお許しになり、神ご自身が明らかにしてくださるのならば、その意味は先の言葉と一致していなくてはならないのです。つまり、神はわたしたちに教えておられるのです。わたしたちがもっぱら天における良き言葉によって教えられる人たちとなるようにと[25]。というのは、真実の教えを約束しながら話す人たちがいるのですが、彼らは天についてではなく、地について話す人たちなのです。「地から出た者は、地から話す。天からやって来た者は、すべての者の上に立つ。そのお方は自分が見たものと聞いたものを証しする」[26]。次のように書かれてあるのです。もし誰かが、わたしを信じる子供たちに対し、「腹話術をする者たちや、地から叫ぶ者たちや、無益なことをおしゃべりする人たちや、腹から叫ぶ者たちに尋ねてみよ」[27]と言うのならば、――あたかも「悪魔に尋ねてみよ」（原註・一つの悪魔の姿であるところの腹話術をする人の姿をもって、すべての悪魔のことが象徴的に言及されているのです。）と言うかのように、――「彼らはあなたがたに対し次のように言うのなら、――『腹話術をする者たちに尋ねてみよ』」、つまり、悪魔たちに預言を求め、真理を求め、聖なる観察を求めて尋ねてみよ、とこのように彼らがあなたがたに対して言ってくるのならば、わたしが言うことを彼らに答えてみなさい（という意味で預言書に記されているのです）。この人[28]は彼ら[29]に対し何を教えているのでしょうか？　この人は続けて（次のような意味のことを）言っています。（つまり、）多くの人があなたがた[30]を腹話術師たちのところに送っているのです。しかし彼らは可能な限り、さらに多くの生徒たち[31]を腹話術師たちのところに送っているのです。あなたがたを偶像――偶像については、「諸国の民の神々はすべて悪魔である[32]」と書かれています。――のところに行かせたがる人たちは、あなたがたに対し、腹話術師たちのところだけではなく、すべての悪魔のところへ行かせたがっているのです。しかし、御心のままに天と地においてお働きになるわたしたちの神は、わたしたちを悪魔から引き離され、わたしたちの救い主イエス・キリストによって、わたしたちをご自分に似たものとしてくださるのです[33]。それゆえ、気を付けてください。あなたがたの誰であれ、その魂がだまされることのないように。そしてまた、人があれこれ言うのを聞いても疑い惑うことのないように。かの偶像において[34]、悪魔はさまざまな病気を治し、さまざまなことを預言したのです。それらは皆、悪魔のための偶像であり、真理を見分けることのできない人たちにとっての偶像なのです。すべての者の創造主であられるお方に向かって、魂を向けてください。そして、その（魂を創造主に向けるといった真の）信心をもって、（人々からは）信心として奨励されたもので、しかし（実際は）信心ではないもののすべてと比較してみてください。さらに、あなたが幸いなる者であるということを、よく考えてみてください。すなわち、「主によって救われた民であるあなたと、誰が似ていることがあろうか?[35]」（と言われているからです）。また、「神を主と仰ぐ民、このお方がご自分の嗣業として選ばれた民は、何と幸いなことか[36]」（と言われているからです）。本当に、かつてユダの民は幸いなる者でした。けれども、その幸いを失い、その地位は失われたのです。なぜなら、彼らは、父について証しされたお方を、そして、律法と預言者たちを通してだけでなく、しるしと奇跡[37]を通して、父について証しされたお方[38]を狙って殺してしまったからです。それゆえに、イエス・キリストの弟子たちであるわたしたちのところに、その幸いは手渡されたのです。だから、わたしたちは揺らぐことなくこのお方を信じており、教わったところに従って堅く立って生きていくのです。

3 「そして、彼らがあなたがたに対し次のように言うのなら、——『腹話術をする者たちや、地から叫ぶ者たちや、無益なことをおしゃべりする人たちに尋ねてみよ』[39]」。イザヤはこういった人たちのことを、空しい（無益な）ことを語る人たちと名付けたのです。語られる言葉は皆、真理でないものか、あるいは真理に満ちているものかのどちらかなのです。偽りの言葉ならば、真理ではない言葉なのであり、一方、万物の神についての知識を含み、ご自身の聖なる天の御国について約束される神を信じるように諭す言葉であれば、それは真理に満ちた言葉であるのです。それゆえ、空しいことを語らなかった人たちが語っていること、そして、主なる神の御前で決して空しくは立たなかった人たちが語っていることに聞いてください。——「わたしたちは皆、このお方の満ち溢れた豊かさから受け取った」[40]。空しいことを語る人たちは、この満ち溢れた豊かさからは何も受け取ることなく、真理とは無縁な人たちなのであって、力もなく、キリストと関わりを持たない人たちなのです。「そして、彼らがあなたがたに対し次のように言うのなら、——『（腹話術をする者たちや、）地から叫ぶ者たちや、無益なことをおしゃべりする人たちや、腹から叫ぶ者たちに尋ねてみよ』[41]」。（このように言われておりますが）、なぜここで、とりわけ（最初に）悪魔（の一つの姿）である腹話術師たちのことについて、「そして、彼らがあなたがたに対し次のように言うのなら、——『腹話術をする者たちに尋ねてみよ』[42]」と御言葉が取り上げているのか、わたしはその理由についても言及したいのです[43]。真理を（再三にわたって）約束しておきながら、真理を持ってはいない人たちをあなたは知っていることでしょう。彼らは皆、自分の腹に仕える人たちであり、自分自身のおびただしい快楽のためにほとんどすべてを使い果たす人たちなのですが、このことは異邦人に限定されず、キリストを敬うことを約束しているにもかかわらず異教徒（のような存在）である人たちにも当てはまります。いえ、彼らだけに留まりません。教会に属するわたしたちの中でさえも、誉を得ようとして、あるいは、教会に委託された（名誉ある）職に就こうとして、腹[44]を満たすためにあらゆることをなす人たちをあなたは見つけることでしょう。そのような人の言葉は腹から出て来るのであり、その人の言葉の源は腹にあるのです。なぜなら、そういった言葉の泉は心から湧き出て来るのではなく、良き思いや、聖霊から湧き出て来るものではないからです。よって、もしある時、誰かが自分を教師として名乗り出るのならば、注意してください。その人の言葉が腹から出ているのかそうでないのかを。

しかし、人がわたしに対し提起することができる反論を、わたし自身が（先に）持ち出すことにしましょう。それは、あなたがたの内の誰であっても、この反論を他の誰かから聞く際に、聖書はそれ自身矛盾を孕んではいないということに納得し、また、腹から叫ぶ人たちを訴える言葉の正しさがどのように証明されるべきなのか、そのことをわたしたちが吟味しなかったと思ったりすることのないようにするためです。では、それはどんな反論なのでしょうか？「もしわたしを信じるのならば、その人の腹から[45]大河が流れ出て、永遠の命へと湧き出る泉の水（が流れ出る）[46]」と書かれております。そこで、次のような反論を持ち出して言う人たちがいるでしょう。かりに救い主が腹から流れ出る永遠の命へと湧き出る泉の水を約束してくださるのならば、その泉の水は義なる者の内から出るのであり、よって、義なる者は腹から叫ぶのではないかと。救い主が約束された泉の水は、その義なる者の腹の中にあることになるのだからと[47]。しかし、わたしたちは二つの腹を持ってはいないのかどうか。一つは身体的な腹であり、もう一つは霊的な腹のことですが、このことは、（それぞれ）名称が与えられている体における他の部分を見ても同様に言えることです。たとえば、目に関しても、身体的な目もあれば、魂の目というのもあるのです。すなわち、目について指摘するのならば、「主の掟は輝き、目を明るくする[48]」と言われておりますが、この言葉は身体的な目について言及していのではないと、わたしは思うのです。さらに、「聞くための耳を持っている者は聞きなさい[49]」と言われているることも、身体的な耳について言われているのではなく、魂の耳について言われているのだと考えるべきです。この耳は清い者が魂の聴覚において持っているところの耳なのです。しかしまた、以下のような約束を伝える言葉に関して言えば、すなわち、「あなたの足はつまずくことはないだろう[50]」という言葉に関して言えば、これは身体的な足について言われた言葉だと思ってはなりません。つまり、「わたしは道である[51]」と言われたお方の上を歩くための心の足といったものが存在するのです[52]。それゆえ同様に、義なる者が次のように言っているところの魂の腹は、身体的な腹に似せられて（言われて）いるのです。――「主よ、わたしたちはあなたへの畏れによって、あなたが地にもたらしてくださったあなたの救いの御霊を腹に宿し、産みの苦しみを味わい、そして、産み出しました[53]」。しかし、空しい言葉によって腹を満たす人は誰でも地に属する者であり、地で出来た腹を持っている者なのですが、この腹に関しては以下の通りに書かれています。――「しかし、神はその腹も、その食べ物も滅ぼされます[54]」。それゆえ、聖なる者たちは、主への畏れによってその中に入れることもできた腹を持っており[55]、そして、この人たちの腹は、永遠の命へと湧き出る泉の水[56]によって満たされているのです。その腹について、かの人（ヨブ）は言っております。「わたしの腹は、あたかもぶどう酒が一杯に詰まった皮袋のようだ[57]」と。この人は身体的な腹に関してこのように言ったのではありません。なぜなら、神のぶどう酒、あるいはその類のぶどう酒が革袋に詰められて一杯になったのは、この人の身体的な腹ではなかった（はずだ）からです。以上が（人がわたしに対して提起することができる）異論に対する解き証しについてでした[58]。

4　さあ、初めのところに戻りましょう。――「彼らがあなたがたに対し次のように言うのなら、――『腹話術をする者たちや、地から叫ぶ者たちや、無益なことをおしゃべりする人たちや、腹から叫ぶ者たちに尋ねてみよ』」。――「民は自分の神のところにではないのか？」と彼らに答えなさい。（以上の言葉は）省略された仕方で言われているのです。（省略を補えば以下の通りです。）――彼らに答えなさい。「民は自分の神に尋ねるのではないのか？」（イザ8・19）（つまり、）いずれの民であったとしても、尋ね求める際には、そのお尋ねを自分の神のところに持って行くものだ。彼らにそう答えなさい。（省略を補えば以上の通りなのです。）あなたがた[59]イスラエル人たちは、すべての者の上[60]におられる真実な神がおられるのだから、尋ね求める際には、腹話術をする者たちや、地から叫ぶ者たちや、空しいことをしゃべる人たちに尋ね求めてはならないのです。あなたがたの自分の神に尋ね求めるのです。「なぜ生きている者たちについて、死者たちに尋ねるのか？」（イザ8・19）（と言われています）。死者たちとは、真実な命、すなわち、「わたしは道である」[61]と言われているお方を失っている悪魔たちのことなのです。ゆえに、死者たちに対し、生きているものについて尋ねてはならないのです[62]。以上が、あなたがたが受け取った教え[63]のことなのです。あなたがたは、腹話術をする者たちにそのようなことを尋ねたり、あるいは、地から空しい言葉を叫ぶ人たちに対し、真実な言葉と教えを尋ねたりはきっとしないことでしょう！　あなたがたは、あなたがたの教えに注意を払い、それを助けとして受け取りなさい！　あなたがたの教えにはこのように書かれております。――「あなたは偶像に従ってはならない[64]」。あなたがたはこの教えに従って歩み、腹話術をする者たちや、地から叫ぶ人たちに目を向けることのないように[65]。「なぜなら、このお方が助けとしてこの教えを授けてくださったのは、彼らが次のように言うためである。――『（この言葉は）他には存在しないような言葉であり、どんな贈り物をもってしても代えがたいものだ』」（イザ8・20）。この教えを受け取った人は誰でも知っているのです。この教えが役立つものであり、そしてとりわけ、この教えが霊的なもの[66]であるということを。この教えは腹話術をする者たちや占いをする者たちとの付き合いを禁じています[67]。そして、誰でもこの教えを理解したのならば、この教えに驚嘆せざるを得ず、言わざるを得ないのです。ギリシア人であれ、その他の国の人たちであれ、この世にはこの教えの言葉のようなものは存在しないのだと。なぜなら、真理を約束するいかなる言葉であれ、どんな教えであれ、わたしたちが神から受け取ったこの教えとは異なっているのですから。「なぜなら、このお方が助けとしてこの教えを授けてくださったのは、彼らが次のように言うためである。——『他には存在しないような言葉だ』[68]。「この言葉のような言葉は他に存在しない」ということは、どういうことなのでしょうか？　多くの言葉が存在しています。しかし（それらは皆）、この言葉のような言葉ではありません。つまり、モーセの言葉に続く言葉はなく、預言者たちの言葉に続く言葉はなく、ましてや、イエス・キリストとこのお方の使徒たちの言葉に続く言葉は存在しないのです。聴いてください、神の霊がこう叫んでおられたのではありませんか！——「このお方は助けとしてこの教えを授けてくださったので、助けとしてこの教えを受け取った人たちは言うことでしょう。モーセによって語られた教えが、天使たちを通し、仲介者の手を経て発せられた言葉[69]であるように、そういった言葉のような言葉は他に存在しないのだと！」　けれども、教会はさらにより相応しく、次のように言うことができるのです。肉となられ、わたしたちの間に住まわれたこの言葉[70]のような言葉は存在しないのだと。わたしたちはこのお方の栄光を見たのです。モーセのように覆いで隠されることなく[71]、御父の独り子としての栄光を、恵みと真実によって満ちているこの言葉を、わたしたちは見たのです[72]。教会が受け取ったこの言葉のようなものは他に存在いたしません！　教会はこの言葉を信じ、この言葉によって救われるのです[73]！　神の御元に初めからおられたこの言葉、神であられるこの言葉に、栄光と力とが世々限りなくありますように、アーメン！

説教八——イザヤ書10章10—13節

「エルサレムとサマリアにおける彫像を泣き叫べ」（イザ10・10）という箇所から、「そして、わたしは人が暮らす町々を揺り動かそう」（イザ10・13）と言われている箇所までの言葉について。

10・10 これらのものをわたしの手が勝ち取ったように、わたしは他のすべての支配を手に入れよう。エルサレム
とサマリアにおける彫像を泣き叫べ。11 なぜなら、わたしがサマリアとその手によるもの（彫像）に対して行っ
たように、わたしはエルサレムとその偶像に対しても同様に行うだろう。——12 そして、このことは、主がシオ
ンの山とエルサレムにおいてすべてを成し遂げられた時に実現するだろう。（なぜなら、）主はアッシリアの王と
いった高ぶる心と、そして、その目の驕りによる高ぶりの上に、（このことを）もたらされるだろう（からであ
る）。13 なぜなら、この者は言ったからだ。「力をもってわたしは行い、賢き洞察をもって、わたしは諸々の民の
境界を取り去り、彼らの力（富）を略奪し、人が暮らす町々を揺り動かそう」と。

（七十人訳イザ10・10—13[1]）

1　かつての（イスラエルの）民が（真の）礼拝から逸れて罪に陥っていた時代は、そして、エルサレムのユダとサマリア[2]におけるイスラエルと呼ばれていたものが彫像を製造していた時代は、確かに昔の時代です[3]。しかし、今日においても、たくさん存在する罪人たちのことを合わせて考えるならば、次のように言うことは難しくありません。つまり、それぞれの人が呪われるべき者で、自分が良いものと思うものを神とし、罪に仕え、彫像を製造し、職人の手による作品を鋳造し、それをひっそりとどこかに置いているのです。確かに、もしわたしたちが罪を犯しているとすれば、わたしたちは心の隠された場所の中に多くの偶像を作成しているのです。それゆえに、御言葉はわたしたちに対し悔い改めをなすようにと、そして、エルサレムとサマリアにおける彫像や偶像について泣き叫ぶように[4]と、教え諭しているのです。もし教会に属することを望んでいるわたしたちが罪を犯すならば、わたしたちはエルサレムにおいて彫像を製造していることになるのです。一方で、異端者たちのような教会の外に置かれた人たちが罪を犯しているのならば、その人たちはサマリアにおいて偶像を作成していることになるのです。それにもかかわらず、神はご自身の善（性）に従ってすべての人を悔い改めへと呼び出され、言われるのです。「エルサレムとサマリアにおける彫像を泣き叫べ」「すなわち、わたしがサマリアとその手によるものに対して行ったように、わたしはエルサレムとその偶像に対しても同様に行うだろう」（イザ10・10以下）と。このお方はサマリア人たちに対してご自分がなされたことのすべてを警告されているのですが、教会に属する人たちに対しても警告しておられるのです。「しかし、主がシオンの山とエルサレムにおいてすべてを成し遂げられた時に、主はその高ぶる心のゆえに、そして、その目が驕りによって高ぶっているがゆえに、アッシリアの王[5]を（御前に）引き出させられるだろう」（イザ10・12）。わたしたちが学んでおりますことは、ここで今、預言（書）によって高ぶる心と名付けられた、わたしたちの敵なる悪魔に対してやがて起こるべきことについてであります。つまり、地上に住むすべての生き物の中で蛇が最も賢かったように[6]、あるいは、この世の子供たちが自分の仲間に対して、光の子たちよりも賢く振る舞っているように、そして、あの不正な管理人が悪しき知恵に従って賢く振る舞ったこととまさに同じように、譬え（予型）としてアッシリアの王と名付けられている者は高ぶる心を持ち、そして、こういった者の心の思い上がりが注目されているわけです。この者は、自分の間違った教説を裏付けようと真実らしく思わせることができるもの及びすべての力を動員するような、そういったこの世の賢者たちを教えるためにその高ぶる心を乱用したのです。[8] それゆえに、シオンの山とエルサレムにおられる神がすべてを成し遂げられ、義なる者たちに約束されたものをもたらしてくださったのならば、その時には、このお方は「その高ぶる心のゆえに、そして、その目が驕りによって高ぶっているがゆえに、アッシリアの王を（御前に）引き出される[9]」ことになるでしょう。御言葉はこの者が高ぶることにおいて長けている（賢い）者であること、[10] そしてこの者の没落が高慢によって（すでに）始まっていたことを知っているのです。したがって、もしわたしたちも高慢になるのならば、サタン自身も陥るところの悪魔の裁き[11]の中に、わたしたちも陥ることになるのです。

2　さて、この者の高慢さがいか程のものであったのか考察してみましょう。それは、わたしたちが高慢に対し慎重になり、そして、この者がわたしたちについて正しく語っているということを許さないためです。[12] では、この者は何と言っているのでしょうか？「力をもってわたしは行い、賢き洞察をもって、わたしは諸々の民の境界を取り去るのだ」（イザ10・13）。この者は己の力に頼り、自分が望むことをわたしたちの中に成し遂げることができるものと考えているのです。そして実際に、もしわたしたちが（この者に）打ち負かされて、そして（本日の説教で語られる）これらの言葉を聞いた後、わたしたちが罪を犯すのならば、あるいは、もし教会の（礼拝の）後で再びサーカスに戻るのならば、あるいは競馬場や異教徒たちの集会へと向かうのならば、わたしたちがこの者に征服されてしまったこと以外の何ものでもないのではありませんか？　そして、サタンが「力をもってわたしは行おう」と言ったことに関して言えば、この者が（このように言って）脅かしたものをもってしてわたしたちが罪を犯してしまう時には、悪魔はわたしたちを得たことになるのです。しかしまた、長きにわたる貞潔（な生活）の後、長きにわたる聖なる生活の後で、もしわたしたちが放蕩の生活をするようになれば、「力をもってわたしは行おう」と言ったこの者が、わたしたちについて正しく語った、ということになってしまうのではありませんか？　しかし、大言壮語するこの者がさらに約束していることについて、わたしたちは考えてみましょう。「そして、わたしは賢き洞察をもって諸々の民の境界を取り去るのだ」[13]。賢さに関して、この者が約束するような賢さについて預言者も語っているのかどうか、わたしは聞いたこともありません。（むしろ、）「異なった賢さといったものが、彼らの中に見出される」[14]（と書かれております）。神が滅ぼされるような、真実とは異なる賢さといったものが存在するのです。このような賢さをその者は持っていて、己を賢い者と思い込み、言っているのです。「わたしは賢き洞察をもって諸々の民の境界を取り去り、そして、彼らの力を食い尽くそう」（イザ10・13）と。こうして、この者の働きはすべての民に及んでしまったのです[15]。しかし、救い主はすべての民にご自身の御言葉を与えてくださって、すべての民の間において、サタンが捕虜として支配していた人たちを救い出してくださったのです。「そして、わたしは彼らの力を食い尽くそう」。この者はわたしたちの力を略奪し、わたしたちの力をわたしたちに敵対する兵士たちに引き渡そうと脅かすのです。そして実際、この者がある人たちにはそのように実行している様を、わたしたちは見ることができるでしょう。すなわち、人がサタンによって打ち負かされ、悪魔や、悪い諸霊や、敵たちの諸々の力に引き渡されるのならば、「そして、わたしは彼らの力を食い尽くそう」と言った者がわたしたちの力を奪い、わたしたちを食い尽くしたことになるのではありませんか？「そして、わたしは人が暮らす町々を揺り動かそう」（イザ10・13）。このようにサタンが脅かしてくるのです。この者は主なるキリストにおいて築き上げられた神の教会といった町々に人が住んでいるのを見て取って、それを自分が揺り動かしてやろうと大声を上げているのです。そして、この者は本当に時には人が住む町々を迫害によって揺り動かしましたし、本当に時には争い[16]によって揺り動かしたのです。しかし、岩の上にいしずえを持つ者[17]として、このわたしたちは次のようなことが起こっていないかどうか確かめることにいたしましょう。つまり、「わたしは人が暮らす町々を揺り動かそう」と言っているこの者が、わたしたちを騒乱や逆らう諸霊をもって揺り動かしていないかどうか。そして、起こる出来事すべてにおいて、わたしたちは確固として立ち続けましょう。わたしたちはイエス・キリストという岩(18)の上に家を持っているのですから。このお方に、栄光と力とが世々限りなくありますように、アーメン！

説教九――イザヤ書6章8―10節

「そして、わたしは主が言われる御声を聞いた。――『誰をわたしは遣わそうか？ そして、誰がこの民のところに行くだろうか？』」（イザ6・8）と書かれた箇所について。そして、しばらく後には、「あなたのために、深きところあるいは高きところに、あなたの主なる神にしるしを請い求めよ」（イザ7・11）と書かれてある箇所に至る（、そのところまでについて[1]）。

6・8そして、わたしは主が言われる御声を聞いた。「誰をわたしは遣わそうか？ そして、誰がこの民のところ
に行くだろうか？」 そして、わたしは言った。「見てください、わたしがここにおります！ わたしを遣わして
ください！」 9するとこのお方は言われた。「行ってこの民に言え。『あなたがたは確かに聞くだろうが、しか
し理解しない。見ているあなたがたは見るだろうが、しかし認識することはない。10なぜなら、この民の心は太
っていて、耳によって聞くのに重く、彼らは目を塞いでしまったゆえなのだが、それは、彼らが目によって見る
ことなく、耳によって聞くことなく、心で理解することなく、悔い改めることのないように、そして、わたしが

彼らを癒すことのないようにするためである』と」。（七十人訳イザ6・8―10）

8・4なぜなら、あなたがお造りになったところの天を、あなたの指の御業を、月と星を、わたしは仰ぎ見るだ
ろう。5人は何ものなのだろうか、あなたが覚えてくださるとは？ 人の子は何ものなのだろうか、あなたが気
遣ってくださるとは？ 6あなたは天使たちよりも僅かに劣ったものとして人をお造りになり、栄光と栄誉の冠
をかぶせてくださいました。（七十人訳詩8・4―6）

「そして、わたしは主が言われる御声を聞いた。――『誰をわたしは遣わそうか？ そして、誰がこの民のところに行くだろうか？』 すると、イザヤは言った。――『見てください、わたしがここにおります！ わたしを遣わしてください！』 そして、このお方は言われた。――『行け、そして、この民に対して言え。「あなたがたは確かに聞くだろうが、理解しないだろう」と』」以下続く（イザ6・8以下）。ただ今朗読されましたところの預言者イザヤの言葉について、わたしたちは神に願いましょう。神がわたしたちに恵みを授けてくださるようにと、そして、わたしたちが聖霊による預言に相応しい解釈をなすことができますようにと。「そして、わたしは主が言われる御声を聞いた。――『誰をわたしは遣わそうか？』」[2] 預言者は唇が清められた後に、神の任務を喜んで引き受け、そして、言っているのです。「見てください、わたしがここにおります！ わたしを遣わしてください！」[3]と。しかし、さらに喜びを大きくしてそうできるようにと、イザヤはモーセの言葉を思い出していたのです。なぜなら、かの者（モーセ）も同じ言葉を用いていたからです。――「わたしを遣わしてください！」[4]と。[5] よって、モーセは民の指導者となり、裁判官[6]となり、神の僕[7]と名付けられるに至ったのです。しかし、このわたしは、あるヘブライ人[8]に聞いたことがあり

ます。彼はこの箇所の解釈について言ったのですが、預言者が確かに喜んで自ら名乗り出て、この民に対する預言の告知（の任務）を引き受けたのは、この民に対し（これから）言われるべきであったことを、この預言者がまだ知ってはいなかったからだそうなのです。さらに、この民に告げ知らされるべきであった悲しむべき言葉、すなわち、「あなたがたは確かに聞くだろうが、理解しないだろう」以下の言葉[9]をこの預言者が聞いた後に、結果として、この預言者はよりためらいがちな人になってしまったそうなのです。つまり、神の言葉がこの預言者に対し、「大きく叫べ！」と命令しても、この預言者は答えて言っているのです。「何をわたしは叫ぼうか？[10]」と[11]。しかし、わたしは思うのですが、「彼らは聞いても、しかし聞くことはなく、彼らは見ても、しかし見ることはない[12]」といったことがやがて起こることになったのですから、これらのことは救い主に関わるものとして預言されているものなのでしょう[13]。

以上のことは、続く「あなたがたは認識し、考察するだろうが、しかし、見ることはないだろう[14]」（イザ6・9）という箇所を考えてみれば、より明らかにされるでしょう。つまり、かつてユダヤ人たちは、確かに盲人たちが再び見えるようになった様を見ていたわけですが、しかし、彼らは見ていたものを解き明かすことはできなかったということなのです[15]。（そして、）彼らは救い主が弟子たちに対し秘密に解き明かされた譬え話を（一緒に）聞いていましたが[16]、告げられたものを理解していなかったという点において、彼らは聞いてはいなかったのです。よって、このお方は彼ら（自身）を証人として立たせられ、言われたのです。「聞くための耳を持つ者は聞きなさい！[17]」と。すなわち、彼らにはこの耳[18]が欠けていたがゆえに聞くことができなかったのではなく、むしろ、彼らの内なる耳が聞くのに重かったからなのです[19]。そこで、このお方は彼らに対し、預言者を通してやがて起こるべきことを前もって預言されて言われます。――「あなたがたは確かに聞くだろうが、理解しないだろう。あなたがたは認識し、考察するだろうが、見ることはないだろう。なぜなら、この民の心は太っているからである」（イザ6・9以下）。

次に言われていることはどういうことなのか考えてみましょう。――「なぜなら、この民の心は太っているからである」。この世の命について思い煩っている者は誰でも、その心は太っているのです。全く同様に、この世の物事に関わり合っている人たちは、あたかも茨によって食い尽くされるかのように[20]、その心が太っているのです。心が太っているがゆえに、より繊細な霊による認識を得ることができないのです。それゆえに、このような思い煩いから逃れて、わたしたちの心は飾り気のないものとなり、神によって受け入れられるものとなりますように！　わたしたちはこの世の思い煩いから逃れましょう！　なぜなら、それらのものは、心を太らせるものなのですから。ゆえに、モーセの言葉は繊細であったわけです――出エジプト記において、モーセについて書かれている通りです[21]。つまり、繊細である（痩せている）ことによって、（太ってはいない）心の清い人ならば、その人は神を見るのです[22]。こういった目をもって、人は神を見るのです。三つのことが言われております。――「なぜなら、この民の心は太っているからである」「彼らは耳によって重く聞いていた」「彼らは目を塞いでしまった」（イザ6・10）。しかし、ここで言われていますことは、もう一つ別の見方によっても、より明らかに理解され得るのです。つまり、多くの人が被造物を眺め、この世の物事について思いをめぐらしているのですが、彼らはそれらのものを自分が見ているのだと思ってしまっているのです。しかし、わたしは人について、何と言えばよいのでしょうか[23]？　考えてみてください。鳥や馬も太陽を眺め、月を眺め、同様に星の大軍が広がる天全体を眺めております。けれども、これらのものの（存在等の）意義を彼らは理解してはおりません。義と聖なる者のみが、神の知恵によって、それらを眺めながら理解しているのです。それゆえに、詩編8編において、ダビデは言っています。「したがって、あなたがお造りになったところの天を、あなたの指の御業を、月と星を、わたしは仰ぎ見るだろう[24]」と。どうしてこの時、この預言者が天や月を見ていないことがあるでしょうか？（いえ、この預言者はこの時も天や月を肉眼で見ることができていたはずです。）しかし、「わたしは仰ぎ見るだろう」と言われている言葉をわたしたちがよくよく考えてみるのならば、わたしたちは（「仰ぎ見るだろう」と言われている理由を）理解できるはずなのです[25]。

オリゲネス『イザヤ書注解』の断片

断片一　パンフィロス『オリゲネス擁護論』116より(1)

すなわち、聖霊は一つであるのにもかかわらず、聖霊を自分自身の内に持っている人が（大勢）いるように、個々の聖なる霊たちに関してそのように言われるのです。同様に、キリストについてもそのように言わなくてはなりません。つまり、一人のキリストによって、多くのキリスト者たちが生まれるのですが、その人たちについて聖書は言っています。――「わたしの油注がれた人々[2]に触れてはならない。また、わたしの預言者たちに災いをもたらしてはならない[3]」。同様に、一人の神から（生まれた）多くの神々についても言われる（ことがある）のですが、すなわちそれは、自分の中に神が住んでおられるすべての人たちのことなのです[4]。しかし、「わたしたちは万物を生み出す一人の父なる神を持っているのです[5]」（と本来は言うべきなのです）。それゆえ、真実な神はお一人であられ、このお方はいわば、神性を持ったものたちの保証人であられ、そして、ただお一人のキリストは、キリスト者たちの創造者であられ、さらに、一つの聖霊は、それぞれのものの聖なる魂の中に聖霊を造り出すお方なのです。真に、キリストはご自分がキリストであられることを通して、キリスト者たちをお造りになられるように、ご自分が神の御子であられ、しかも唯一なる独り子であられることを通して、ご自分において（神の）養子とされるための霊を持っている人たちを、神の子供たちとなさるのです[6]。

断片二　パンフィロス『オリゲネス擁護論』137 より(7)

それゆえ、より正しく言えば、わたしたちは皆、確かに復活するのですが(8)、それは、不信心な者たちが、かの泣き叫び歯ぎしりするところに至るためであり(9)、一方、義なる者たちにとっては、己の卑しい体がキリストの栄光の体に型取ったものへと変えられる際に(10)、それぞれ自分の順序に応じて(11)、それぞれの良き行いのための報酬を受け取るところに至るためなのです。なぜなら、朽ちるものの内に蒔かれたものは、朽ちないものの内に復活するからです。みすぼらしさの内に蒔かれたものは、栄光の内に復活します。弱さの中に蒔かれたものは、（原注・当然、復活の際には）力の内に復活します。そして、地上の体として蒔かれたものは、霊の体として復活します(12)。よって、すべてのものが復活し、各々はその順序に応じて復活するにしても、わたしたちはヨハネが彼の黙示録で言っていたあの言葉、つまり、「幸いなるかな、第一の復活に与る者は。この者に対して第二の死は何の力も持たない(13)」という言葉のために考えなくてはならないのですが、おそらく、すべての復活の様態は二つに分けることができないでしょうか。つまり、義なる者たちが救われる様態と、罪人たちが罰を受ける様態の二つのことですが、それは、一方では第一（の復活［の様態］）と呼ばれる良き者たちの復活があり、しかし一方では、第二（の復活［の様態］）と呼ばれる憐れな人たちの復活があるためです。そして、一方では、すべてにおいて純粋で、喜ばしく、全き歓喜に満ちたもの（復活［の様態］）と呼ばれるものであり、しかし一方では、全き悲嘆と全き苦悩に満ちたもの（復活の［様態］）と呼ばれるものであり、そしてそれは、この世の生活において神の掟を軽蔑した人たちや、このお方の裁きを恐れることを無視し、全き汚れと貪欲に満ちた行いに自分の身を任せてしまった人たちや、さらに、敵対者に対し、（その敵対者が持つ）人間に逆らい敵対する諸々の力に抵抗できる用意を怠っていた人たちなど、そういった人たちの行いと生活に相応しいもの（復活［の様態］）と呼ばれるものなのです。

しかし、他の多くの（聖書）箇所と同様、この（聖書）箇所[14]は死者の墓についての箇所であり、聖書のより確実な意味に従って解釈されるべきところなのですが、墓とは人間の体の埋葬のために造られたものとみなされるだけではなく、――切り抜かれた岩山においてであれ、あるいは掘られた土の中であれ――人間の全身、あるいは体のどこかの部分であれ、それが横たわっているところのすべての場所がそう（墓）なのです。たとえもし、一つの体が多くの場所に分散されるということが起こり得るとしても、体の部分が横たわっているところのすべての場所を、その人の体の墓と呼んだとしても不合理ではないでしょう。というのは、もし、埋葬がなされず、墓に葬られることもなく、難破か、あるいは荒野のどこかの場所で死んだかして、埋葬がなされなかった人たちが、死んだ後その墓から神の力によって復活しないと言うのならば、わたしたちはその人たちのことを、墓から復活する人たちの一員として名付けることは確かにできなくなるでしょう。しかし、以上のように考えることは全くもってしてばかげています。

断片三　パンフィロス『オリゲネス擁護論』139より[15]

それゆえ、パウロが「星はそれぞれ輝きが異なるように、死者の復活もこれと同様なのです[16]」と書き記している際に、また、「朽ちるものの内に蒔かれるものは、朽ちないものの内に復活する[17]」と彼が言っている際に、さらに、彼がその他のことも同様の意味で言っている際に、明らかに彼は体のことに関してだけ、これらのことを書き記しているのです。というのは、魂は朽ちるものの内に蒔かれたのではなく、弱さやみすぼらしさの内に蒔かれたものではないからです。要するに、パウロはこれらの言葉に加えて、「この世の（朽ちる）体が蒔かれた[18]」とはっきりと言っているのは、朽ちるものの内に蒔かれ、あるいはみすぼらしさの内に蒔かれ、あるいは弱さの内に蒔かれるものが魂であるのだと、誰もそのように思うことのないためであるのです。

注

◉オリゲネス『イザヤ書説教』

〈説教一〉

（1）実際にはイザヤが見た第一番目の幻ではない。むしろ、6章におけるイザヤが見た「幻」は、イザヤ書を初めから見ていけば、イザ1・1、イザ2・1に続く第三番に見た「幻」である。七十人訳イザヤ書の写本には、「幻」という表題が所々に加えられているものも存在する。オリゲネスの『イザヤ書説教』の写本過程や編集作業において、本来「第三の幻」とあったところを、この説教が九つあるオリゲネスの『イザヤ書説教』の内の第一番目に置かれたので、「第一の幻」という表題がついてしまったのではないかと推測される（Alfons Fürst und Christian Hengstermann, *Origenes Band 10 - Werke mit deutscher Übersetzung - Die Homilien zum Buch Jesaja*, Berlin: De Gruyter, 2009, S.194を参照）。

（2）セラフィムの数が二人であったとは特に記されていない。だが、動詞から複数であったことが分かる。

（3）厳密には戸口の側柱の上に渡した梁の部分。

（4）説教四・3を参照。
（5）A. Rahlfs, *Septuaginta* (Stuttgart: Deutsche Bibelgesellschaft, 1935. Editio altera ed. by R. Hanhart, 2006) より。以下の説教も同じ。
（6）歴下26・16―21.
（7）出2・23.
（8）出16・7.
（9）ここで急に「怒り（ira）」という言葉があるのは、次に引用されている詩編2編（詩2・5）にその言葉があるからだと思われる。
（10）七十人訳詩2・6.
（11）ここでの「御言葉（sermo）」とは、詩2・6といった聖書の一節のことではなく、言が肉となった（ヨハ1・14）キリストのことが言われている。オリゲネスの理解において、キリストによって支配されることは、キリストを預言し、キリストについて証しした聖書の御言葉に支配されることでもある。この一文を含むこの段落の主題は、「我々の魂において、それを牛耳るウジヤといった悪しき王が死に、真の王なるキリストによって魂が支配される者となるべきである」といった奨励である。この主題は〈説教五〉で再び詳しく取り上げられる。
（12）ロマ6・12.
（13）テモ二3・4.
（14）テモ二3・4―5.
（15）イザ6・1.

(16)ここでいう「聖書」とは、厳密にはダニエル自身が見た夢のことである。
(17)ダニ7・9.
(18)ヨエ4・12.
(19)ミカ1・3.
(20)創18・21.
(21)イザ6・1.
(22)コロ1・16.
(23)「御言葉によって（in verbo）」とあるが、引用されたコロサイの信徒への手紙の箇所は、キリストによる支配について語る箇所である。オリゲネスの理解によれば、肉となった言（御言葉）こそキリストである。つまり、ここでオリゲネスは、言なるキリストの支配のもとに万物を支配する神について語っている。
(24)詩24・1、七十人訳では23・1.
(25)オリゲネスの教会において、当時既に存在していたと考えられる聖書朗読のための暦に従って説教がなされていたらしい。
(26)この段落は全体として意味がはっきりしない。「神のために一つの神殿を建設する」といったことは、目に見える神殿の建設のことではなく、むしろ「霊的な家」（参．ペト一2・5、ローマ12・1）で象徴されるような、己の体を神の住まいとすることの倫理的かつ牧会的な勧めであるかと思われる。このように理解すれば、やがてキリストの権威がすべての罪人に遍く行き渡ることの希望を伝えている後続の文章と内容的に合致する。いずれにしても、次回になされたはずのレビ記の説教が残っていれば、我々もこの段落の意味をもっとよく理解できたであろう。
(27)それぞれのセラフィムが覆っていたのは神の御顔と御足なのか、あるいはそれぞれ自分の顔と足を覆っていたのか。どちらでも文法上は可能である。ただし、カイサリアのエウセビオス（二六三―三三九年）が理解しているように、セラフィムが神のまわりに立っていたのは護衛の働きのためであり、その数は二人ではなく、もっと多かった、といったような見解もある（参：Edited by Thomas C. Oden and Steven A. McKinion, *Ancient Christian Commentary on Scripture - Old Testament X - Isaiah 1-39*, Downers Grove, Il.: InterVarsity Press, 2004, p.49）。また、エルサレムのキュリロス（三一三年頃―三八六年）のように、セラフィムが覆っていたのは自分たちの顔と足であるという見解も当然早くから存在した（Ibid., pp.49-50）。

（28）三位一体（trinitas）という言葉は、オリゲネス以前のテルトゥリアヌス（一六〇年頃―二二〇年頃）からの言葉であるが、オリゲネスの著作に出て来るこの言葉は、オリゲネスのオリジナルからラテン語訳したヒエロニムス（三四七―四一九年）が補足的理解として付け加えたものであるという議論がよくなされる。

（29）「我が主イエス」あるいは「わたしの主イエス」は、オリゲネス特有の呼び方。たとえば、『ルカ福音書説教』一二・1の冒頭にも登場する。「わたしの主イエスがお生まれになり、一人の天使がその誕生を告げ知らせるために天から下って来ました」（Joseph T. Lienhard, S. J., translated, Origen, *Homilies on Luke*: The Fathers of the Church 94, Washington, D. C.: The Catholic University of America Press, 1996, p.48）。

（30）オリゲネス以前のキリスト教徒による作品には、二人のセラフィムをキリスト及び聖霊として理解する解釈は見られない。ただし、アレクサンドリアのフィロンの作品には、一対のケルビムとその間の上から言葉を放つ神（出25・22）についての寓意的解釈が見られ、それがオリゲネスにも影響を与えたのではないかという指摘がある（Fürst, S.91-97, 137）。一方で、二人のセラフィムをキリストと聖霊とみなす見解は、『諸原理について』にも短く言及されている。そこにおいて、オリゲネスは「あるヘブライ人」（詳しくは〈説教九〉の注（8）を参照のこと）によって、二人のセラフィムがキリストと聖霊を意味するものと教わったと言及している（小高毅訳、オリゲネス『諸原理について』創文社、一九七八年、七九、三〇九頁）。

セラフィムをキリストと聖霊の象徴として理解するオリゲネスの大胆なセラフィムについての解釈は、後の神の本質をめぐるアリウス論争において取り上げられたこともあった。アレクサンドリアの司教テオフィロス（在職三八五—四一二年）の『イザヤの幻についてのオリゲネス論駁』（*Tractatus contra Origenem de visione Esaiae*）においても、オリゲネスによるセラフィム理解の批判を見ることができる（詳しくは、解説を参照のこと）。

（31）次に明らかにヒエロニムスのものと思われる一文が付加されている。「もし名前（複数形）における働きに拘るならば、三位一体の本質は矛盾するのではないか、とあなたは思ってはいけません」。つまり、セラフィムという共通の名前が、子と聖霊の二者に用いられていることを問題としている。

（32）体の部分としての最上位に位置する「顔」は、「始め」といった概念を象徴する。

（33）コヘ6・12．

（34）イザ41・22以下．

（35）『諸原理について』にも同様の記述がみられる。「即ち、万物の始原並びに終末は、主イエス・キリストと聖霊を除いて、何人からも把握され得ないからこそ、イザヤは幻を描写して、ふたりのセラフィムだけが、二つの翼をもって神の顔をおおい、二つの翼をもって（神の）足をおおい、二つの翼をもって飛びかけり、互いに呼び交わして、『聖なるかな、聖なるかな、聖なるかな、万軍の主、あなたの栄光は全地に満つ』と言っている」（三〇九頁）。

（36）二人のセラフィムは神の指先とかといったほんの一部分を覆わずにいたのではなく、神の真ん中といった多くの（大切な）部分を覆わずにいたということか。よって、「（神の）中間」が象徴する現在のものごとを人が見る（知る）ことができるということは、決して小さなことではないといった言外の意味も読み取れる。

（37）イザ6・3．

(38)我々にとって唐突な表現とも思えるが、オリゲネスにとって、「主の栄光」は万物を支配する御子キリストの栄光であり、栄光によって覆われることはキリストと出会うことでもあった（参．『諸原理について』、七二頁以下）。

(39)説教四・2を参照。

(40)マタ6・9以下．

(41)マタ28・18．

(42)ヨハ1・11以下．

(43)アダムが楽園を追われる以前の原始のことを言っていると思われる。

(44)キリストがこの世にやって来たのは、キリストがこの世から何らかの利益を受けるためではない。だが一方、キリストが世にやって来なければ、人は永遠に神を信ずる者とはならなかった。よって、世にやって来たキリストは、人が神を信ずることができる者となる、逆に言えば、神は地にいる人間から信ぜられる者となるといった、いわば一つの新しい権威を得たことになる。この権威は、人間から見れば恵みと言い換えられる。キリストが世にやって来ることがなければ、この意味での権威（あるいは人間から見れば恵み）は生ずることがなかった。さらに以下の文で、人が神を信ずることができるようになるといった、人間から見れば恵みであるところのその権威を、キリストはまだすべての人に対しては行使していない、といったことが語られる。以上のように、キリストの支配について語るオリゲネスの理解は、言なるキリストの支配について語った本説教の1節と内容的に結びつく。

(45)フィリ3・21．

(46)詩62・2、七十人訳では61・2．

(47)『諸原理について』、一〇〇頁を参照。

(48)詩24・7、七十人訳では23・7.

(49)主の栄光が新しくある人に行き渡れば、それだけ全体としての主の栄光はより多く崇められることになるので、その都度、栄光の象徴としての神殿は高みに上って行く、といったイメージをオリゲネスは描いている。

(50)イザ6・6以下.
「イザヤが自分自身をへりくだらせていたのだとは、わたしには思えません」が意味するところは不明確である。イザヤの謙遜な言葉というよりかは、むしろ彼の嘘偽りのない魂の叫びであった、といったような意味か。しかし、説教四・3における「もしわたしが自分をへりくだらせて、後悔をもって自分の罪を嘆くのならば、――」といった記述と矛盾する。

(51)次にヒエロニムスの挿入句と思われる文が続いている。
「もし御子が御父から遣わされても、その（神）の本質が貶められることになるとは思わないでください。さらに、三位一体の神の統一性を認識しようとすれば、今の朗読箇所においては、ただキリストのみが罪を赦しておられますが、しかし、罪は三位一体（の神）によってこそ赦されるものなのです。なぜなら、一者を信じる者は、三者すべてを信じる者だからです」。

(52)イザ6・6以下.

(53)これより少し以前になされた何らかの説教のことを言っている。

(54)ここでの「汚れた言葉」とは、まだ罪が赦されていないままの罪人としての言葉、といったような意味か。

(55)イザ6・5.

(56)セラフィムを通して一人の罪人イザヤは清められたが、「この民」、すなわち、他のユダヤ人たちは清められなかったままなので、オリゲネスの時代においてもなお、彼らは救い主を受け入れてはいない、ということ。

(57) この伝承はヘブ11・37においても見ることができる。
(58) 出33・20。
(59) イザ6・5。
(60) イザ6・2。
(61) イザ6・5。
(62) 出33・23。
(63) マタ28・20。
(64) マタ18・20。
(65) ローマ8・27、34。
(66) ヨハ一2・2。
(67) 最後の頌栄はペト一4・11からの引用である。オリゲネスは多くの説教をこの頌栄をもって終えている。新共同訳では、「栄光と力とが、世々限りなく『神に』ありますように、アーメン。」となっているが、原文は「彼に」という関係代名詞であり、語順的にはこの関係代名詞はキリストを指すと考えるのがより適切である。

〈説教二〉

(1) この表題はおとめマリアによるキリストの誕生を十分意識したものとなっている。しかし、この説教の内容はそのことについて全く触れてはいない。後代の編集作業において、オリゲネスの各説教に表題が付けられたわけだが、説教内容から離れたこの表題がそのまま残っているということは、古代教会でいかにキリストの処女降誕が重要なテーマとなっていたか、ということを暗に示している。

(2)新共同訳では「イザヤは言った」。

(3)新共同訳では「深く陰府の方に、あるいは高く天の方に」。

(4)イザ7・11.

(5)「労苦を与える(負わせる)」は独訳に従った。原意は「戦いを仕掛ける」。

(6)エフェ4・10.

(7)ここでの「深きところのしるし」「高きところのしるし」に対するオリゲネスの見解には、ロゴスなるキリストの働きはすべての人、すべての存在、すべてのところ(すなわち「深いところにも高いところにも」)、すべての時代に普遍的に参与している、といったオリゲネスのロゴス理解が反映されている(Fürst, S.105f. 参.『諸原理について』、八〇頁以下)。

注目すべきこととして、オリゲネスは福音書記者マタイが引用したところのイザヤのインマヌエル預言(参. マタ1・23)の中に、もう一人の福音書記者ヨハネが伝える受肉したロゴス(ヨハ1・14)の誕生を読み取っている。

(8)ローマ10・6—8.

(9)オリゲネスの理解において、ここでの「あなたの言葉」はロゴスなるキリストのことである。

(10)申30・12—14.

(11)キリストはすべてのところ、すべての人のためのしるしであるが、我々は皆等しくそれをただ受動的に受け取っているだけであってはならない。オリゲネスの理解によれば、ロゴスとしてのキリストは、すべてのところ、すべての人間に対し、普遍的に参与しているが、しかし、聖霊は相応しい者にのみ与えられる(『諸原理について』、七六—八六頁を参照)。本説教の後半になって初めて聖霊といった言葉が出て来るが、「役立つものとなるために」という言葉を含むこの段落には、聖霊によって我々がロゴスなるキリストに与る者に相応しいものとなり、ロゴスと一体となり、聖化され、進歩し、永遠の神に至ることを我々は追い求めるべきである、といったグノーシス主義を思わせるオリゲネスの神学的思想が反映されているものと思われる。

(12) 七十人訳は ἢ（「あるいは」）であるが、文脈上は「どちらか一方」を意味する「あるいは」ではなく、むしろ「かつ」「両者とも」という意味での「あるいは」であったとオリゲネスは理解している。

(13) 次に引用されているエフェ3・18は、「キリスト・イエスにおいて、約束されたものを」（エフェ3・6）「同じ約束にあずかる者となる」（同）といったように、「約束」について語られている文脈に位置する。

(14) エフェ3・18.

(15) イザ7・12.

(16) イザ7・11.

(17) 「しるし」であるキリストを受け入れないことは、主を困らせ悲しませる、といった一つの労苦を主に負わせることである、との理解。ただし、キリストを受け入れないことがキリストに労苦を負わせることであるとしても、それがなぜ人に対する労苦と合わせて語られているのか、十分に考察されてはいないように思われる。

(18) 「あなた」（二人称単数）と「彼ら」（三人称複数）との違いのこと。

(19) オリゲネスの手元にあった福音書も、当然数多くの写本の一つであった。

(20) イザ7・14.

(21) イザ7・13以下.

(22) つまり、自分勝手な判断で聖書テキスト内の人称等を変更してはならないということ。また、オリゲネスは聴衆に対し、イザヤとマタイの違いは重要な問題を引き起こすものではないどころか、イザヤにおいて「ダビデの家」の人全体の総称が「あなた」（単数）で呼ばれているのだとすれば、マタイにおいて複数「彼ら」になっていても大きな違いはない、ということも主張したいのであろう。

(23) たとえば、『ヨハネによる福音注解』第一巻一四六節にこの見解が見られる(小高毅訳『ヨハネによる福音注解』創文社、一九八四年、六二頁を参照)。「ダビデ」が象徴する「キリスト」の家は、すなわち教会を象徴する。

(24) この文における「ダビデの家の者」は、アハズを始めとする当時のイスラエルの人たちのこと。この結論から、少し前の「わたしたちが主によって――、より強く訴えて――」の一文の意味が明らかとなる。つまり、主の導きによって、「ダビデの家の者」が我々自身のことを指していると解き明かされれば、主は当時のイスラエルの人たちといった第三者に対してではなく、預言者の言葉を通して我々自身に対して直接呼びかけておられることに気付く、といったような意味である。

(25) マタ1・23.

(26) この一文は不明確である。おそらく、「この預言通り、キリストが凝乳と蜂蜜を食べるということが明らかにされたとしても、そのことは何を意味するのか、そして、キリストが食べた凝乳や蜂蜜自体は何を意味するのか、といった別の問題が生じる」というような意味であると思われる。そして、オリゲネスはこれからそれらの問題を解き明かしていくのである。

(27) ヨハ5・39.

(28) ヨハ5・39の文脈通り、「あなたがたは聖書を研究している」と訳してもよいが、独訳に従い、命令形で訳した。聖書に書かれたことの謎や疑問を解き明かすためには、聖書を調べ研究しなければならないといった、聖書を聖書によって解釈しようとするオリゲネスの姿勢がよく表現されている一文である。

(29) ペト一2・2.

(30) 箴25・16.

（31）オリゲネスにとって、箴言に限らず、聖書の御言葉は聖霊の導きの下に記されたものであった。

（32）箴25・16.

（33）七十人訳箴6・8a.

七十人訳は、ヘブライ語テキストの箴6・8に、これらの言葉を含んだ比較的長い文を付け加えている。

（34）七十人訳箴24・13.

七十人訳聖書は以下の通り。「子よ、蜂蜜を食べよ、なぜなら、蜜蜂の巣は良いものだから。あなたの喉（口蓋）が甘きを味わうために」（七十人訳箴24・13）。オリゲネスは以下において、省略したり文の途中で区切ったりしながら、この箴24・13を引用している。

（35）七十人訳箴24・13.

（36）オリゲネスの聖書理解によれば、書かれた文字には文字通りの字義的解釈だけではなく、聖霊によって解き明かされるべき事柄が隠されている。

（37）七十人訳箴6・8a.

（38）預言者の頭なるキリスト。参. エフェ2・20.

（39）箴24・13.

（40）「纖細」と訳したsubtilisという語は、〈説教六〉において、聖霊に結びつけられて用いられており（説教六・5）、また説教九においても、肯定的な意味合いで用いられている。よって、この箇所でも肯定的な意味合いを含んでいるものと思われる。おそらく、「とりわけ纖細な文字」とは、次の文から考えてみても、霊的に解釈されるべき聖書箇所のことである。しかし、一つ前の文における「なるのでありましょう」は未来形となっている。この箇所は次のように説明することができるだろうか。

「蜂蜜が存在するところと言えば、蜜蜂の巣である。そこにはたくさんの蜂蜜が含まれているはずである。蜂蜜は霊的に解き明かされた意味理解ないし解釈のことであるので、霊的意味を象徴する蜂蜜を多く含んでいる聖書の言葉、言い換えれば、霊的に解釈される必要のあるような聖書箇所は、必然的に、そうする必要のない明白な聖書箇所よりも多く蜂蜜を宿しているものとなるであろうし、したがってそれは、蜂蜜を多く宿した蜜蜂の巣の状態となることであろう」。あるいは、「聖書のとりわけ繊細な文字（聖書箇所）は、よく見れば、蜜を多く宿したキリストの巣の姿へと変わっていくことだろう」といった意味なのか。あるいはさらに、主語を反対にして、「女王蜂であるキリストの巣に近付いて来れば、その巣の実態は、霊的に解き明かされる必要がある聖書のとりわけ繊細な文字（聖書箇所）であることに気付くだろう」といったような意味なのか。

一方、先にオリゲネスは、「預言者たちが残した聖書（の言葉）は彼ら蜜蜂たちの巣のことなのです」と言っていた。そして、ここでは表現を変えて、「預言者の言葉からなる蜜蜂の巣は、とりわけ文字通りでは理解できない聖書の言葉の宝庫であり、さらに、その中に隠されている蜂蜜こそ、霊的な理解によって解釈されるべき御言葉の甘き味としての真の意味なのである」といったようにオリゲネスは理解している。

いずれにせよ、ここまでは蜂蜜に関する解釈であるが、この後、オリゲネスはインマヌエルが食べた蜂蜜について、最後に解き明かしていくのである。

(41) オリゲネスが次に引用している黙3・20などの聖書の御言葉から、我々はそのことについて学ぶことができるということか。

(42) 黙3・20.

(43) 蜂蜜は聖書の御言葉が持つ霊的意味を象徴するものであった。だが、その象徴的理解は拡大され、結論として、インマヌエルが食べる蜂蜜とは、インマヌエルなるキリストの御言葉によって教えられ、それに養われて、我々自身が語り出す御言葉とそれに基づく業としての意味に波及している。実にインマヌエルとして生まれた御子が食べて喜んでくれる食べ物とは、我々の良き言葉と良き業なのである。

〈説教三〉

(1) この説教で語られるように、「七人の女」は七つの聖霊の賜物のことである。

(2) ヘブライ語テキストに従う新共同訳聖書は、「エッサイの株からひとつの芽が萌えいで、その根からひとつの若枝が育ち、その上に主の霊がとどまる。知恵と識別の霊、思慮と勇気の霊、主を知り、畏れ敬う霊。彼は主を畏れ敬う霊に満たされる」(新共同訳イザ11・1―3a)である。つまり、ヘブライ語テキストにおいては、「主を畏れ敬う霊」が重複しており、霊における六つの特質しか挙げられていない。なお、七十人訳が「一つの花」(イザ11・1)となっているのに対して、ヘブライ語テキストにおいては「一つの若枝」である。

(3) イザ4・1.

(4) ここまでは七人の女の状況を説明するいわば文字通りの解釈であり、オリゲネスはこの文字通りの解釈を元にして、これからそれを霊的象徴的に解釈していく。「彼女たちは、自分たちの恥を取り除いてくれる人のパンは必要としておりません。また、(夫として)迎え入れるその人の服も、彼女たちは欲してはおりません」。これが意味することは、この説教の結論に至って初めて理解される。

(5) もちろん、オリゲネスも聖霊自体が七種類あると考えているわけではなく、聖霊の七つの働き、ないし聖霊の七つの賜物が存在するということであろう。

(6) ローマ10・2.

(7) コリ一2・6.

(8) ここでの「真のユダヤ教」とは、聖書に登場するユダヤ人たちのものではなく、いわばキリスト教のことを言っている。
(9) イザ4・1.
(10) ローマ1・3以下.
(11) ギリシア語 ῥάβδος と同様に、ラテン語 virga も「若枝」の意の他に「鞭」の意を持つ。
(12) コロ1・15.
(13) ヨハ1・1.
(14) 天上の神の御国に鞭(懲らしめ)はもはや存在せず、キリストにとっても、鞭が必要なところは地上であるので、キリストの受肉と結びつけられているのだろう。
(15) 七十人訳では未来形になっているが、ここでは完了形になっている。オリゲネスにとって、イザヤの言葉はキリストの誕生によってすでに実現したものであるので、あえて完了形に置き換えて引用している。
(16)「実体」(subiacenti)は独訳に従ったが、三位一体の文脈で用いられるところの「実体」(substantia)の用語とは異なっている。また、働きの違いに関してならば、「花」と「根」の違いではなく、むしろ「花」と「(若)枝(=鞭)」の違いであるように思われる。
(17) コリ一4・21.
(18) 花が散った後、枝の先に実が生じ始める様を言っているのか。そして、それを象徴的に解釈しているのだと思われるが、しかし前後関係からは唐突のように思われる。なお、キリストの「若枝(鞭)」と「花」の働きについては、オリゲネス『ヨハネによる福音注解』、八七―八八頁を参照。
(19) 民20・10.
(20) 岩から水を出すことは神の働きであったはずなのに、モーセが自分の力で水を出そうとしたことは、モーセ自身が不信仰であったことを示している。

（21）イザ6・5．

（22）イザ6・6以下．

（23）コヘ7・20．

（24）ヨブ14・4以下．

（25）創6・3．

（26）ヨハ1・33以下．

（27）マタ12・36以下．

（28）七十人訳イザ9・5．

（29）この一文は前半が完了形動詞であり、後半は現在形動詞であって、具体的に何が言われているのか理解に難しい。「諸々の力」とあるのは、七つの霊の一つである「力の霊」が念頭に置かれているからである。一方、オリゲネスの理解において、「力の霊」は「七人の女」の一つの象徴であるので、キリストを讃えている、言い換えれば、キリストを慕い求めているここでの「諸々の力」の姿には、キリストを慕い求めている「七人の女」の姿も同時に重ね合わされているものと思われる。

ちなみに、七十人訳聖書イザ9・5から、キリストを偉大なる熟慮の天使とみなすオリゲネスの理解は、彼のキリストの本質理解及び彼の天使観に関わるものとされ、後代の神学者たちに問題とされることもあった。だが、一見オリゲネスがキリストを天使とみなしているように思える箇所であっても、ほとんどがキリストの「使者」として働きや機能の観点からそのように捉えたのに過ぎないのであって、オリゲネスは決してキリストを天使の一人として位置付けていたのではない（Fürst, S.224）。たとえば、「あたかも或る人が体から離れた後、たちどころに天使たち、そして、聖霊、主なる救い主、父なる神ご自身を目にするに相応しい者となるかのように、わたしたちが世を去るとしても、神あるいは天使たちがすべての人の前に御姿を現されるのではありません」(*Homilies on Luke*, p.15)とあり、オリゲネスは天使たちとキリストとの間に明確な区別を置いていることが分かる。オリゲネスの天使理解に関しては、『ヨハネによる福音注解』、第一巻二一六―二一八節(七六―七七頁)を参照。

(30)詩24・8、七十人訳では23・8.

(31)イザ11・2.

(32)イザ12・2.

(33)オリゲネスはこの段落を結ぶために、動詞を完了形に置き換えたイザ11・2以下を引用している。完了形に置き換えた理由は、彼がイザ11・2以下の預言の言葉もキリストの出来事によって成就したものとして理解しているためである。

(34)ここまでは、七つの霊がキリストの上に留まることの解釈であった。ここからは、七つの聖霊を象徴する七人の女がキリストをつかまえ、すなわち、彼女たちがキリストのもとに留まろうとしている様が解釈されることになる。

(35)イザ3・16以下.

(36)オリゲネスにとって、受肉によって人となったキリストの救いの営みは、罪による腐敗への奴隷状態から人を解放するためのものであった。「腐敗への隷属から自由にされるため、被造物並びに人類は、至福なる神の力が、地上のものを修復するために、人となられることを必要としていました」(『ヨハネによる福音注解』、一一七頁)。イザ3・16以下で語られている歴史的状況は、戦争の敗北によって、まさに地と人が腐敗しているような状況である。ゆえに、イザ3・16以下が、救いの営みのために受肉したキリストの上に「七つの霊」が留まることを告げるイザ11・1以下と結びつけられて考察されているのであろうが、しかし、強引な結びつきではある。

(37)イザ4・1.

（38）オリゲネスは文脈に即した文字通りの解釈、つまり字義的（歴史的）解釈への理解がなかったわけではない。イザ3・16以下の言葉を文脈的に見れば、戦争で負けた時代のイスラエルにおいて、男性が不足している悲惨な状況を聖書テキストは語っている。オリゲネスはそれを霊的に解釈し、キリストの出来事の預言と捉え、さらに、それがすでに成就したものとして理解している。

（39）イザ4・1．

（40）ヨハ6・51．

（41）ヨハ6・33．

（42）ヨハ4・34．

（43）以下にヒエロニムスのものと思われる文が挿入されている。

「けれども、間違って考えてはいけないこととして、知恵や分別や、その他の霊の賜物が、食べ物としての別の何かを欲していたかのように、これらの霊に何かが欠けているということではないのです。すべてにおける救済のご計画のための食べ物は、たった一つしかないのですから。すなわちそれは、神の一つの本質なのです」。

（44）イザ4・1．

（45）論理が飛躍しつつかなり入り組んでおり、読解に難しい。要約すると、知恵や分別といった聖霊（七人の女）の賜物は、それぞれ自分の賜物としての食べ物を持っているように思えるが、しかし、七人の女にとっての本当の意味での「自分たちのパン」は、命のパンなるイエスのことであり、さらに、イエスが「わたし（イエス）の食べ物とは父なる神の御心を行うことである」と言われた通り、父なる神（の御心と御業）ということになる。七人の女（聖霊）のそれぞれの服も同様に考えることができ、七人の女にとっての本当の「自分たちの服」とは、神の言葉であるイエス自身であり、また父なる神のことなのである。

こうして、この説教の冒頭部分の言葉がようやく理解されることになる。冒頭部分の言葉を補えば、「七人の女たち自身が、自分たちのパンを食べ、自分たちの服を身につけることを約束しています。彼女たちは、自分たちの恥を取り除いてくれる人（、すなわちキリスト）のパンは必要としておりません。（なぜなら、そもそも彼女たちが食べることを約束している『自分たちのパン』こそ、キリストご自身のことであり、彼女たちはもうすでにそのパンを持っているのですから。）また、夫として迎え入れるその人（、すなわちキリスト）の服も、彼女たちは欲してはおりません。（なぜなら、そもそも彼女たちが身につけることを約束している『自分たちの服』こそ、キリストご自身のことであり、彼女たちはもうすでにその服を着ているのですから。）彼女たちは、一人の（普通の）人間が与えることができる服よりも良い服（であるキリストご自身）を持っているのです。さらに彼女たちは、（普通の）人間が与えることのできる食べ物よりも良い食べ物（であるキリストご自身）を持っている七人の女、すなわち聖霊の賜物が、以上のように意訳できよう。そして最後に、キリストといった食べ物や服を持っているのです」と、イエス・キリストの名によって呼ばれ、キリストと完全に結びつき、キリストのものとなることが実現されることによって初めて、「恥」としての諸々の悪しきものが完全に取り払われ、聖霊の賜物はそれぞれその力を発揮することができる、さらには我々自身の魂において聖霊の力が発揮される、といったようなメッセージが以下に語られている。

(46) 七人の女に名が与えられるその名の持ち主はイエス・キリストである。だがキリストはいわば称号であり、イエス・キリストの「名」といえば「イエス」であった。

(47) コリ一15・28.
「すべてにおいてすべて」（コリ一15・28）という言葉は、オリゲネスの作品において、終末論的な文脈においてしばしば用いられるが、オリゲネスの理解において、やがてイエスの権威はすべてのものに行き渡るものであった（説教一・2を参照）。つまり、「すべてのものにおいてすべてがイエスの名となる」ということは、言い換えれば、やがてすべてのものにイエスの支配が行き届くことの希望を意味している。
(48) イザ4・1.

〈説教四〉

(1) 現存するこの説教の幾つかの写本において、さまざまな表題が付されていて、どれが最も古い表題であったのか特定することが難しい。聖書箇所は〈説教一〉と同じ。
(2) ここでの「起源」とは、歴史的時間的概念としての原点であると同時に、哲学的論理的概念としての原理のことなのか。オリゲネス自身のプラトン的な思索的考察が展開されている。
(3) マタ18・10.
(4) イザ6・2.
(5) イザ41・26.
(6) 創1・1以下.
(7) イザ45・7.
(8) 箴8・24.
(9) イザ6・2.
(10) 異端的な思想家たちのこと。
(11) このオリゲネスの見解に従えば、我々がキリストのことを理解できるとしたら、我々に与えられた聖霊によってのみ理解できるということになろう。
(12) 「神の神聖さが住まいを得る様」とは、以下の文から推察されることとして、おそらく、聖霊によるキリストの受肉のことを言っている（Fürst, S.232）。

（13）同様のオリゲネスの見解として、「これらのこと（すなわち、キリストの受肉について）を聴衆にのべ、言葉によって叙述するためには、私の功績も、才能も、言葉も遥かに足りないのである。そのことは、聖なる聖徒たちの能力をも凌駕し、そればかりか、恐らく、この神秘を解き明かすことは、神が創造されたすべての天上の霊たちの力をも超脱したものであると思う。この神秘に言及するにあたって、大胆な好奇心に駆られてではなく、説明の筋道の必要に迫られて、ごく言葉少なに、しかも人間の理性の尋常の推論に従って語るよりも、我々の信仰の内容を語ってみたいと思う」（『諸原理について』、一五三頁）。

（14）三位一体の語が登場するこの箇所の前後の文は、ヒエロニムスの補遺によるものと考えられる。

（15）ヘブ2・11.

（16）イザ6・3.

（17）アキュラは二世紀のユダヤ教徒で、ヘブライ語原典に忠実なギリシア語訳旧約聖書を作成した。オリゲネスの本文批評学における関心が示されている。

（18）「かつて」とは、イザヤが幻の中において、神殿が神の栄光で満たされた様を見た時のことではなく、むしろ、後続の引用文（詩76・1）から推察されるように、旧約時代において、限られた義人、限られた場所だけに神の栄光が現れた時全体のことを指している。

（19）続いて「地に広がる祝福された教会」とあることから、キリストの受肉の出来事を通して、神を信じる者たちが集うところの教会（神殿）が全地に広がり、全地はすでに神の栄光で満たされているものとして語られている。

（20）詩76・1、七十人訳では75・1.

（21）イザ6・3.

(22) ローマ8・3.

(23) 詩24・1、七十人訳では23・1、エフェ3・19.

(24) 「全地は神の栄光で満たされる」ことを告げる預言が、キリストの受肉によって、全地に広がる教会を通してすでに実現されたものとして理解されているのと同時に、しかし教会に属する各々にとっても、まだその完成は見ていないものとして議論が展開されている。

(25) イザ6・3.

(26) 〈説教一〉の注(49)を参照。

(27) ここの寓意的解釈に関しては、ほとんど根拠がはっきりしない。だが、オリゲネスが言おうとしていることは、我々が神の栄光に与り、高みに上る神の神殿の一部となって、我々自身が高く上げられることの希望である。

(28) 厳密には「針で穴を開けられた」意。新共同訳は「滅ぼされる(滅ぼされた)」。七十人訳は「麻痺させられた」、「心に突き刺さった」、「悲しみで打ちひしがれた」といった意味であり、さらには「後悔した」の意味に波及する。様々な訳語となっているが、ドイツ語現代訳を参照しつつ、大胆に「失われた」と訳した。

(29) イザ6・1、歴下26・16以下.

(30) 説教一・1を参照。

(31) ローマ7・24.

(32) ローマ7・25.
オリゲネスはローマ7・24と次の節の行間に、イザヤが体験したような悔い改めと贖い主との出会いを読み取っている。

(33) イザ6・1.

(34) イザ6・5.

(35)ローマ7・22以下.
(36)コリ二7・10.
(37)列上21・29.
(38)コリ一15・9.
(39)エフェ3・8.
(40)テモ一1・15.
(41)行いは正しくても、口を制御することが最も難しいといった考えが反映されているのか。
(42)イザ6・5.
(43)イザ58・9.
(44)一人のセラフィムがイザヤのもとにやって来た様を、御子が救いのために世にやって来た受肉の出来事の象徴としてオリゲネスは捉えている(説教一・5を参照)。そして、イザヤの幻の内に示されたこととして、なぜ遣わされたセラフィムがその手に火を持っていたのか、そのことの意味についてオリゲネスは最後に解き明かしている。
(45)ルカ12・49.
(46)マタ25・41.
(47)「火」に関する同様の見解はオリゲネスの著作に多く見られる。たとえば、「聖なる人には罪の原因が何一つないので、太陽が焼き焦がすことは全くありません。まさに、先に述べましたように、太陽の働きには二つの側面があるのです。正しい人を照らしますが、罪人を照らすことはなく、焼き焦がします」(小高毅訳、オリゲネス『雅歌注解・講話』創文社、一九八二年、一〇四—一〇五頁)。
(48)ルカ24・32.

〈説教五〉

（1）〈説教五〉は、イザ41・2を扱った一つの説教と、イザ6・1以下を扱ったもう一つの説教が、編集過程で合体させられたものではないかという推測がある（参．Fürst, S.32)。
（2）コリ一1・30.
（3）ヨハ3・18.
（4）キリストは生きた正義であるという秘義。
（5）以下の文から推測できることとして、御子が受肉して地上を生きた（歩いた）ことが暗に示されている。
（7）オリゲネスは、東からの正義について、太陽は東から昇るという自然現象と、「まことの光」（ヨハ1・9）としてのキリストの到来を重ね合わせて考えている。
（6）ヨハ3・13.
（8）イザ41・2.
（9）詩99・5、七十人訳では98・5.
（10）足台についてのこれらの文は意味がはっきりしない。
ちなみに、『イザヤ書注解』の一部ではないかともされる断片に以下のようなものがある。「このように主は言っておられます。――『天はわたしの御座であり、地はわたしの足のための足台である』（イザ66・1)。天はわたしのための御座であり、地はわたしの足のための足台なのである。――（このようにありますが、それらは）場所のことを言っているのではありません。むしろ、その場所における霊的な者たちについて言及されているのです。その足台とは、絶え間ない動きと多くの道のゆえに、地（と呼ばれるのもの）なのです」(Fürst, S.312)。

以上のように、Fürst はこの短い断片から多くの議論を引き出すことは困難だと断りつつも、彼の推測によれば、「足台」とは、御子が受肉したところの地上における、御子自身の救いの御業が絶えずなされ続ける場であると同時に、救い主と聖なる者（教会）たちとの霊的な交流がなされる場所を象徴している（Ebd. S.14）。
(11)「朗読（箇所）の初めの部分」とは、続く説教の中心部分であるイザヤ書6章のことか。
(12)この部分は意味がはっきりしない。英訳では、以下のように解釈されている。「（御父に）呼ばれて（今は）ここにはおられない御言葉が、再び私たちの所へ戻って来られるようにと、」（T. P. Scheck, *Origen Homilies 1-9 on Isaiah*, p.903）。一方、おそらくここまでの正義に関するイザヤ書41章の説教は、観衆からの質問等によって中断され、即興的に朗読されて解釈された閑話のようなものである、という指摘がある（Fürst, S.242）。確かに、この説教の本題は、以下の通りイザヤが見た幻についてである。とはいえ、ここまでの議論は以下の説教内容と全く関係ないものでもない。自分にとっての不義なる王ウジヤが死に、「正義」であるキリストと神の支配のもとに生きるというメッセージがこの後に語られているからである。
(13)コリ一6・15．
(14)イザ6・6．
(15)マタ5・28．
(16)マタ15・18―19．
(17)イザ52・7．
(18)イザ1・15．
(19)ヨハ13・5．
(20)ヨハ13・8．
(21)ルカ12・50．

この洗礼は、一言で言えば死のこと。自分自身を死に値する汚れた存在としてみなすオリゲネス自身の内省であり謙遜である。

(22) すなわち、セラフィムの一人としての神の言葉なるキリストのこと。説教一・5および説教四・5を参照。

(23) セラフィムなる神の言葉キリストがやって来た後になされるべき贖いの御業のことを指しているのか。

(24) ヨシュ7・1.

(25) ヨシュ7・18.

(26) 準備の日とは、ユダヤ教の安息日である土曜日の前日の金曜日のこと。洗足の出来事も語られているこの箇所の前後の言葉から推察されることは、この説教は「準備の日」である金曜日の聖受難日に行われたものか（Fürst, S.247）。さらに、この箇所から推察されることとして、当時週日も行われていた礼拝よりも、日曜日や特別な日の礼拝の方が出席人数は多かったようである。また、オリゲネスの時代、未だ教会とユダヤ教とは未分化な状態にあったとされ、金曜日のことを「準備の日」と呼ぶ習慣がなお教会に残っていたことが窺える。

(27) 日曜日のこと。

(28) つまり毎週ごとに、といった意味。キリストが復活した日である日曜日を「主の日」として守るだけでなく、主の復活は週日の礼拝においても祝われるということか。礼拝をキリストの復活の祝祭として捉えているオリゲネスの礼拝学が窺える。

オリゲネスは、主の復活を祝う礼拝は間もなく訪れるイースターの祝日だけでなく、日曜日毎に、さらには週日の礼拝においても祝われ続けるということを指摘しつつ、御言葉に対して不熱心な聴衆に対して、御言葉が彼らを拒絶することのないようにとの警告を告げている。かつてアカンというたった一人の罪人によって、神の言葉が民全体から退いてしまったように、一人の罪人として自覚しているオリゲネスのゆえに、神の言葉がここに集う全会衆から逃げて行ってしまわないように、といった恐れを彼は語っている。しかしその心中は、自分と同じく罪人である会衆一人一人の心を、神の言葉を解き明かす自分の説教に向けさせたいのである。
(29)ヨハ9・31。
(30)ヨハ9・24。キリストに癒されて、キリストについて証しした盲人の言葉（ヨハ9・31）よりも、オリゲネスが続いて引用する主の言葉（イザ1・18以下）を信じるように、ということ。
(31)イザ1・18以下。
(32)イザヤが体験したように、一人のセラフィムとしての神の言葉なるキリストが自分たちのところにもやって来ることを願いつつ、続くイザヤ書の言葉に聞いていこう、といったオリゲネスの呼びかけである。裏返せば、この日の聴衆の中には、オリゲネスの説教に聴くことが不熱心であった人たちがいたのである。彼らに対するオリゲネスの憤りを垣間見ることができる。
(33)オリゲネスの手元にあったイザヤ書の写本テキストには、表題として、イザ6・1の直前に「幻（について）」と書かれていたのであろう。〈説教一〉の注（1）を参照。
(34)歴下26・3―5。
(35)このような言及は聖書に見られない。オリゲネスによる聖書テキストの引用は、主に彼自身の記憶によっているので、他の王が成した事柄と間違っているのだろう。
(36)歴下26・16―21。
(37)ローマ6・12。
(38)イザ6・1。

(39)イザ6・5．
(40)イザ6・1．
(41)出2・23．
(42)出5・7．
(43)ローマ6・12．
(44)ローマ7・9以下．
(45)イザ6・1．
(46)この文の意味ははっきりしない。
(47)歴下26・4以下．
(48)マタ25・27．
(49)ルカ19・20．
労働者に欠かせない汗拭きタオルの中に預かった金を包んでおくことは、労働の汗を拭くことさえも拒絶することであり、まさに怠惰な姿である。
(50)ルカ19・23．
(51)オリゲネスがこの説教を終えるに当たって、いつものような頌栄が見られない。急な展開から始まるこの最後の段落の大まかな趣旨は、「この日に与えられた御言葉としての糧を日々の生活に活かし、実り豊かな益を結んで次の主の日(おそらくイースターの日)を迎えよう」といった奨励であるが、唐突な感は否めない。この説教の全体の内容からも幾分推察されるように、聴衆の不熱心な態度によって、オリゲネスは説教を予定よりも早めに中断してしまったのではないかとも思われる。

〈説教六〉

（1）この説教は他の説教に比べると非常に長く、編集過程で相当量の加筆が加えられたものと考えられる。

（2）新共同訳では「かたくなに」と訳しているが、ヘブライ語の意味は「太らせる」である。七十人訳はヘブライ語の原意に忠実に従って、「太った」という意味である。

（3）新共同訳によれば、「この民の心をかたくなにし、耳を鈍く、目を暗くせよ。目で見ることなく、耳で聞くことなく、その心で理解することなく、悔い改めていやされることのないように」（イザ6・10a）であり、民の心をかたくなにすることがイザヤの仕事であるのに対し、七十人訳においては、民の目が見えず、耳が聞こえないことの事実あるいは理由を知らせる構文となっている。

（4）イザ6・1．

（5）イザ6・6以下．

（6）出4・13．

（7）イザ6・8．

（8）コリ一2・13．

（9）モーセは自分に対する神の選びを拒否し、一方、イザヤは選ばれていないのに、あえて自ら名乗り出てしまった、というそれぞれの一種の反抗。

（10）出7・22．

（11）出4・13．

（12）イザ6・8．

（13）選ばれていない段階で、自分を遣わしてくれるよう頼んでしまった軽率さのゆえに、イザヤには罰として、人々にあまり伝えたくはないような言葉を告げ知らせるように命じられてしまったのではないか、といった疑問をオリゲネスは抱き、そして、以下において一先ずそのように結論づけている。

(14) ヨナ3・3.

(15) ヨナ1・1以下.

ヨナがニネベに行くことを躊躇った理由についての興味深い解説だが、オリゲネスはヨナに関して、ここではこれ以上深く立ち入ってはいない。

(16) イザ6・8.

(17) 出4・13.

(18) ルカ22・25以下.

(19) マル9・34、マタ19・30、ルカ22・26.

(20) マル9・35.

(21) 偉ぶった傲慢な人という意味。

(22) ルカ22・27.

(23) ヨハ13・4以下.

(24) ヨハ13・13以下.

(25) マタ19・28.

(26) コリ一15・9.

(27) テサ一2・6以下.

(28) 出4・13.

(29) 出4・10．
(30) 出4・11．
(31) 詩119・131、七十人訳では118・131．
(32) イザ6・8．
(33) コリ二6・1．
(34) 以下の文によれば、「助け」とは一人のセラフィム、あるいは、そのセラフィムを通してなされた贖いの御業の恩寵のことを指している。
(35) イザ6・8．
(36) 説教四・3を参照。
(37) 出4・13．
(38) 出2・12を参照。
(39) イザ6・7．
(40) 出4・13．
(41) イザ6・8．
(42) この説教において、見る、聞く、認識する、といったそれぞれの単語が引用ごとに異なっていることがあり、入り組んで用いられている。
(43) 「彼」とはイザヤのこと。この言葉を語ったのは一人のセラフィムであるが、その言葉を書き記したイザヤ自身がそれを語ったものとして捉えられている。
(44) マル4・11以下、マタ13・13―15．

(45) イザ6・9．
(46) マタ15・7、13・14．
(47) ヨハ13・5．
(48) ヨハ13・8．
(49) ヨハ13・7．
(50) ヨハ13・4以下．
(51) ヨハ13・7．
(52) ヨハ14・6．
(53) 洗足の出来事は、「わたしは道である」ところの主の道を歩くために相応しい清い足となるための恵みの出来事であった。
(54) マタ10・13以下．
(55) ヨハ13・7．
(56) ヨハ13・13以下．
(57) オリゲネスのこと。
(58) ヨハ13・14．
(59) 司教たちは文字通り人の足を洗うことはしていないが、霊的な意味において、そのようにしている人たちであるということ。
(60) 雅5・3．
(61) 霊的な意味においての「つまずくことのない足」のことである。

(62) 箴3・23.
(63) 詩73・2、七十人訳では72・2.
(64) テモ一5・10.
(65) テト2・3以下.
(66) テモ一2・12.
(67) テト2・3以下.
(68) ヨハ13・5.
(69) イザ6・9.
(70) イザ6・9.
(71) ヨハ9・1.
(72) ヨハ9・6以下.
(73) 「使徒」は「使者」とも訳される。
(74) イザ6・9.
(75) コリ一9・10.
(76) イザ6・9.
(77) イザ6・9.
(78) 以下で語られることになるが、身体的な御業に関して、救い主以上に大きな御業をなした弟子たちは存在しないのであるから、証言としての救い主の言葉(ヨハ14・12)を単に文字通り捉えれば、それは偽りとなってしまうということ。
(79) ヨハ14・12.

(80) ヨハ5・21.
(81) 使20・9―12.
(82) 使9・36―41.
(83) ここでの「より大きい」とは、生後視覚を失った盲人の視力を回復することよりも、生まれつきの盲人に視覚を与えることの方が大きいということか。
(84) 目で物事を見ていてもその真意を認識しないような人たち、あるいは文字のみを探求する人たちのこと。
(85) 救い主が行ったような、死者を蘇らせることや、盲人を見えるようにさせることや、さらに、生まれつきの盲人を見えるようにさせるといった奇跡。
(86) ルカ7・22.
(87) ルカ6・6、8.
(88) この段落において、これまでオリゲネスは、「見ているあなたがたは見るだろうが、しかし認識することはないだろう」(イザ6・9)という聖書の言葉に関して、身体的かつ霊的といった二通りの見方が存在することを証明するための証言として、「(あなたがたが目で見たところの)わたしが行ったことよりも、もっと大きなことをあなたがたは行うようになる」(ヨハ14・12)というイエスの言葉を挙げ、それについていろいろ考察してきたのである。そして結論として、イエスが言ったところの「より(もっと)大きなこと」とは、イエスのすべての弟子たちに委ねられた、霊的な死者(病人)を蘇らせる(癒す)といった宣教の御業のことであるとオリゲネスは理解している。
(89) イザ6・9.
(90) イザ6・9.
(91) 民の心が太っているからこそ、彼らは霊的に目が見えず、霊的に耳が聞こえないということ。

(92)ここでいう「肉的な心」とは、「身体的な心」の単純な言い換えであると思われるが、いわゆる現代で言うところの内臓脂肪を含む内臓のことか。また、「身体的（肉的）な心」に関するこの直後の記述に関してだが、オリゲネスは健康面での常識的知識や配慮が足りなかったというよりも、霊的な魂の重さや軽さといった問題を重要視する彼自身の見解のためのレトリック的表現としての記述であったと考える方がよい。

(93)「魂の一番大切な（支配的な、主要な）部分」とは、端的に言えば人間存在として最も重要なところといった意味だが、プラトン哲学思想との関連も指摘される重要な用語である（参．Fürst, S.109f. 梶原直美『オリゲネスの祈禱論――「祈りについて」を中心に』教文館、二〇一七年、一八八―一九五頁を参照）。だが、オリゲネスがここで言おうとしているることは、人間存在の最も大切なところを、我々は代わりに「心」といった概念（言葉）をもってして表現する、ということである。

(94)マタ5・8.

(95)マタ15・19.

(96)知恵の書7・22.

(97)知恵の書7・23.

(98)ここでは、「魂の最も大切な部分」ではなく、「心の最も大切な部分」とある。

(99)イザ6・10.

(100)ここでの「預言者」は続く詩編の作者のこと。

(101)おそらく、オリゲネスがこの詩編の言葉を引用した意図として、「預言者（詩編の作者）が自分の体を荒れ果てた土地に存在するものとして譬えているのだとしたら、当然、彼は痩せていたであろうことが予想される。そして、我々も痩せていたはずの預言者のようになり、必死になって神の言葉という救いの糧（水）を求めるべきだ」と彼は言いたいのであろう。もちろん、痩せていたといっても、霊的な意味においてである。
(102)詩63・2以下、七十人訳では62・2以下.
(103)突然「肉の賢さ」とあるが、霊による賢さに相対するものとして言われている。
(104)イザ6・10.
(105)当然だが、オリゲネスは病を罪とみなした旧約思想を乗り越えている。
(106)詩38・5、七十人訳では37・5.
(107)ゼカ5・7.
(108)出15・10.
(109)出エジプトの出来事の際に、イスラエルの民を追って来たエジプト人たちは、罪が重かったゆえに、水に沈んで溺れて死んでしまった、といった発想。
(110)詩55・7、七十人訳では54・7.
(111)参．マタ3・16.
(112)箴23・5.
新共同訳においては、「鷲のように翼を生やして、(富は)天に飛び去る」(箴23・5)とあり、七十人訳とは意味合いが異なる。
(113)コリ二3・6.
(114)盲人や暗闇の中にいる人たちといった、受動的かつ必然的に目が見えない人たちが現実的に存在し、一方、故意に目を閉じている人たちといった、能動的かつ意識的に自ら目を見えなくする人たちが現実的に存在する。オリゲネスはそれらの違いを霊的に解き明かそうとしている。

(115) イザ49・9.
(116) イザ9・1、マタ4・16.
(117) イザ42・18.
(118) 以上の聖書の言葉が告げる人たちは、いわば霊的な盲人であるか、あるいは暗闇といった恵みの届かない場所にいたがゆえに霊的に目が見えなかった人たちのことである。これに対して、自ら心の目を閉じているがゆえに、霊的に目が見えない人たちのことが以下に言及されている。そして、その人たちとは、「あなた」「わたし」とあるように、聴衆一人一人も該当するのである。
(119) ヨハ9・41.
(120) 箴4・25.
(121) イザ33・14以下.
この聖書箇所の引用の言葉の最初の部分（「永遠の場所を告げ知らせるだろうか？」）はヘブライ語聖書には見られず、七十人訳の付加であるものと思われる。

〈説教七〉

(1) オリゲネスの本説教において、「その人」のことは特に話題とされていない。一方、オリゲネスの本説教において、イザ8・17—18における「わたし」はキリストとして理解されている。さらに、続くイザ8・19以下は、そのままキリストが「わたし」として語っている言葉というよりは、むしろ、イザヤ自身の言葉として理解されている。本説教の内容からイザ8・18—20を再構成してみると、大まかに以下の通りである。
「見よ、わたしと、神がわたしに与えてくださったわたしの子供たちを。シオンの山に住まわれる万軍の主によって、イスラエルにおいてしるしと奇跡が起こるであろう。そして、彼らがあなたがたに対し、『腹話術をする者たちや、地から叫ぶ者たちや、無益なことをおしゃべりする者たちや、腹から叫ぶ者たちに尋ねてみよ』と言うのなら、——『民は自分の神のところに行くべきではないのか？』と彼らに答えよ。なぜ生きている者たちについて、死者たちに尋ねるのか？　なぜなら、このお方が助けとしてこの教えを授けてくださったのは、彼らが次のように言うためである。——『この言葉は他には存在しないような言葉であり、どんな贈り物をもっても代えがたいものだ』』。

（2）「腹話術をする者たち」は、『サムエル記上説教』（Eingeleitet und übersetzt von Alfons Fürst, *Origenes Band 7 - Werke mit deutscher Übersetzung - Die Homilien zum Ersten Buch Samuel*, Berlin: De Gruyter, 2014, S.202-237）にも登場し、「口寄せ」としても訳される。参．「エン・ドルの口寄せ女（サムエル記上講話）」（小高毅編『シリーズ・世界の説教　古代教会の説教』教文館、二〇一二年、四一—五五頁）。今回のイザヤ書〈説教七〉に関しては、「腹」のことが話題となっているので、語源通り「腹話術師（腹話術をする者）」と訳した。

（3）ここで「贈り物」とあるのは、おそらく贈り物を当てにして商売をしている腹話術師たちのことが念頭にあると思われる。

（4）箴9・9．

（5）「機会」に相当する単語はヘブライ語テキストには見られず、七十人訳聖書のみに見られる。だが、オリゲネスが「機会をつかまえて」と言っているところの意味は、預言書であるイザヤ書を引用しているヘブライ人への手紙の著者の言葉を利用してイザヤ書の言葉を解き明かしてみよう、といったくらいの意味に過ぎないと思われる。ちなみに、オリゲネスはヘブライ人への手紙の著者をパウロと考えていた（参．小高毅編『原典　古代キリスト教思想史　1　初期キリスト教思想家』教文館、一九九九年、二八一頁）。

（6）受肉のこと。

（7）ここでの「天上のこと」は、たとえ使徒たち程の霊的成長を遂げた人間であったとしても、悟ることが許されない程の神秘に満ちた事柄のことか。
（8）マタ11・11.
（9）マタ16・18.
（10）コリ二12・2、4.
（11）コリ一3・2.
（12）イザ8・18.
（13）使徒たちや預言者たちは皆、どんなに成長しても自分はまだ霊的な段階としては子供に過ぎないと考えている謙遜な人たちであったということ。
（14）厳密には、優れた子供に属するパウロ一人が言った言葉である。
（15）コリ一13・9.
（16）これもパウロが言った言葉である。
（17）コリ一13・12.
（18）この文脈から言えば、使徒たちですら及ばない「大人」とは天の国の住民のことか。
（19）この文の主語「彼」は、おそらくイザヤのこと。
（20）イザ8・18.
（21）ヨハ6・44.
（22）預言者イザヤの言葉は、預言者を通して語ったキリストの言葉としてオリゲネスは捉えている。また、オリゲネスはイザヤの言葉を、やがてキリストによって成就されることになった預言の言葉として理解している。

(23) イザ8・18.

(24) この回りくどい一文は、この世の時間には左右されない父と子の一体性を強調するためのヒエロニムスの挿入文だと思われる。

(25) 少し前の文における「先の言葉」とは、これまで語られてきたところの、「わたしの子供たち」に関する言葉のことである。これから本題に入って行くわけだが、我々が腹話術師たちのもとではなく、神のところに行き、神から「天における良き言葉――『この教え』『この言葉』(本説教の4節)――によって教えられる人たち」となるよう求められているということは、すなわち、我々が先で言われたところの「わたしの子供たち」となるように求められている、ということでもある。

(26) ヨハ3・31以下.

(27) イザ8・19.

(28) 原文の主語は、前文の「わたし」を引き継ぐ形の三人称単数「彼」であるが、おそらく、預言者を通して語ったキリストではなく、イザヤを指していると思われる。

(29) 預言者イザヤに従う弟子たちのことか、あるいは、イザヤの弟子たちに対し腹話術師たちのところに行ってみよと唆す人たちのことか、判別が難しい。

(30) 聴衆のこと。オリゲネスはイザヤが人々に語った言葉を、自分の時代の教会と重ね合わせ、自分たちの立場をイザヤ及びその弟子たちの立場と重ね合わせて語っている。

(31) いわゆる洗礼志願者。「さらに多くの」とあることから、信徒よりも偶像のもとに流れやすい傾向を持った彼らに対する警告も聞きとれる。

(32) 詩96・5、七十人訳では95・5.

(33)本説教の1節（説教七・1）で語られたことである。
(34)おそらく、「二つの悪魔の姿（像）」としての腹話術師のことであると思われる。
(35)申33・29.
(36)詩33・12、七十人訳では32・12.
(37)イザ8・18.
(38)キリストのこと。オリゲネスにとって、キリストは預言者たちの言葉の中に、そして、一つ一つの神の御業の中に臨在していたのである。説教一・5を参照。
(39)イザ8・19.
(40)ヨハ1・16.
(41)イザ8・18.
(42)イザ8・18.
(43)七十人訳においては、腹話術師のことが最初に挙げられているのではない。
(44)腹は食べ物が入る場所なので、肉欲を象徴する。
(45)ギリシア語原文もἐκ τῆς κοιλίαςとあり、新共同訳は「内から」と訳しているが、原意は「腹から」である。
(46)ヨハ7・38、4・14.
(47)聖書を文字通り読めば、救いに関する永遠の命に至る水が人の腹から出て来るのだから、同じく救いに関する霊的な言葉もまた、出て来るとすれば人の腹から出て来るのではないか、だとすれば、腹から語る腹話術師たちもまた、救いの言葉を腹から語っているのではないか、といった反論。
(48)詩19・9、七十人訳では18・9.

(49) マタ13・9.
(50) 箴3・23.
(51) ヨハ14・6.
(52) 説教六・3を参照。
(53) 七十人訳イザ26・18.
この七十人訳の言葉は、ヘブライ語テキスト（新共同訳）の文脈からはずいぶんと意味合いが異なっている。
(54) コリ一6・13.
(55) 七十人訳イザ26・18.
(56) ヨハ4・14.
(57) ヨブ32・19.
(58) オリゲネスはこの段落の前半において、「腹」を霊的な意味での腹と、この世の身体的な腹との二つに区別している。しかし一見、「地で出来た腹」とは、この世の身体的な腹のことかとも思われるが、そうではない。むしろ、霊的な意味での腹がさらに二つに区別されている。つまり、義なる者は霊的な意味での腹から永遠の命に至る水や、そして良き神の言葉が出て来るのに対して、腹話術師たちは霊的な意味での腹から空しい言葉を語る者たちなのである。前者が天に属する腹、そして後者が地に属する腹として言及されている。オリゲネスは、パウロが批判した人たち（コリ一6・13）もまた、地に属する腹を持つ者たちと考えている。地に属する地の腹を持つ者たちこそ、「腹話術をする者たちや、地から叫ぶ者たちや、無益なことをおしゃべりする人たちや、腹から叫ぶ者たち」なのである。
(59) 聴衆のこと。
(60) ローマ9・5.

(61)ヨハ14・6.
(62)永遠の命や神のことについて、悪魔である腹話術師たちに尋ね求めてはならない。
(63)イザ8・20.
(64)出20・4.
(65)これより少し前の文から推察されることとして、一見オリゲネスは、御言葉に聞く者たちが受け取る「教え」(イザ8・20)のことを、腹話術をする者たちのところに行ってはならないという教え、あるいは、死者たちに対し、生きた者について尋ねてはならないといった教えのこととして捉えているようにも聞こえる。だが、それらは「教え」の中の具体的な一つの教えに過ぎないのであって、イザ8・20における「教え」とは、偶像崇拝を禁じる十戒の教え、さらには律法を含む聖書全体の教えのこととして理解されている。
(66)ローマ7・14.
(67)参.申18・9―14、他。
(68)イザ8・20.
(69)ガラ3・19.
(70)腹話術師たちが語る空しい言葉に対して、神の教えや預言者が語る言葉が問題とされてきたわけだが、最後のメッセージは、預言者たちを通して語られてきたロゴスが受肉したところの神の言、キリストを褒め称えるものとして止揚されている。
(71)コリ二3・13.
(72)ヨハ1・14.
(73)コリ一15・2.

〈説教八〉

（1）ヘブライ語聖書のイザ10・13は、アッシリアがとった行動の結果として、過去形で記されている。「自分の手の力によってわたしは行った。聡明なわたしは自分の知恵によって行った。わたしは諸民族の境を取り払い、彼らの蓄えた物を略奪し、力ある者と共に住民たちを引きずり落とした」（新共同訳イザ10・13）。一方、七十人訳においては、アッシリアの王がこれから行おうとする意思の表示となっている。本説教から推察されることとして、オリゲネスはイザ10・10―11の言葉について、それがアッシリアの王が語った言葉ではなく、どうやら神が語った言葉によるものと理解していた。とはいえ、この問題が本説教の最後のメッセージに対して、何らかの影響を与えるわけではない。

（2）サマリアはイスラエル王国が北と南に分裂した後、北王国の首都となった都市。預言書においては、エルサレムを含む南王国がユダと呼ばれるのに対して、サマリアを首都とする北王国はイスラエル、あるいは、エフライムと呼ばれることもある。北王国は紀元前七二二年（あるいは紀元前七二一年）にアッシリアによって滅んだ。サマリアにおける上層階級の人たちの移住が強制的に行われ、サマリアに残っていた住民と異民族との結婚が始まり、その生活は異教化されていった。

（3）聖書で語られる歴史を無視していると度々批判を受けるオリゲネスだが、このように、オリゲネスは旧約聖書に語られた過去の歴史について、それを事実として十分に認めている。

（4）イザ10・10。

（5）アッシリアは前八世紀頃にはメソポタミアに進出し、世界帝国となった。紀元前七〇一年にはセンナケリブがユダにも攻めて来て町々を侵略し、ヒゼキヤ王に重い貢物を課した（列下18・13―16）。しかし、紀元前七世紀中葉には諸国の反乱が起こり、バビロニアの台頭によって、アッシリアは紀元前六〇九年に滅亡した。

(6)創3・1.

(7)ルカ16・8.

(8)かつてアッシリアの王が存在していた時代、それぞれの国の王には、お抱え顧問官としての賢者がいたことに因んで、悪い王としてのアッシリア王が、彼の配下の悪い賢者たちと共謀している姿が語られているのかもしれない。

(9)イザ10・12.

(10)ローマ12・16.

(11)テモ一3・6.

(12)続けて以下で言及されるところのアッシリアの王の傲慢な言葉が、我々にとって、本当にその通りに実現することを許さないため、といった意味。

(13)イザ10・13.

(14)エレ8・9.

(15)イザ10・8以下には、諸々の民がアッシリアの王によって征服されてしまったこと、あるいは七十人訳イザ10・13によれば、これから征服されようとしていることが書かれている。オリゲネスは、歴史的事実として当時のアッシリアが世界制覇を成し遂げたことを知っていたのだろう。そして、歴史的事実を告げ知らせる聖書の言葉を、現在の自分たちにとって意味あるものとして実存的に解釈している。

(16)ここで「争い」と訳した語は「つまずき(の石)」という意味も持つ。「岩」という言葉を含む次の文を意識して、「つまずきの石によって」と訳してもよかったかもしれない。

(17)ルカ6・48.

(18)コリ一10・4、マタ7・25を参照。

〈説教九〉

（1）現存する〈説教九〉は、明らかにその大部分が欠落しており、この表題にある7・11までは語られてはいない。
（2）イザ6・8.
（3）イザ6・8.
（4）出4・13？
（5）問題とされる箇所である。モーセが答えた言葉は、「誰か他の人を見つけて遣わしてください」（出4・13）であったはずである。オリゲネス自身が〈説教六〉において、モーセとイザヤの返答の言葉の違いについて長く議論している。この点に関して、〈説教六〉との違いは目立っており、よって、モーセも「わたしを遣わしてください」と答えたと指摘している〈説教九〉は、オリゲネスによる作品ではないのではないかと推測する研究者もいる。一方で、この部分は、記憶によってその都度聖書を引用していたオリゲネスの単純な間違いに過ぎないとし、さらにヒエロニムスがあえてそのままラテン語に訳したのであろうと推測する研究者もいる。Fürst はこの説教をオリゲネスによる作品と考えている（Fürst, S.23-27）。
（6）出2・14.
（7）ヨシュ1・13.
（8）オリゲネスの作品に度々登場する謎の人物。たとえば、『諸原理について』第一巻3章四節。そこで言及されていることなのだが、興味深いことに、オリゲネスはこの人物によって、二人のセラフィムがキリストと聖霊を意味するものと教わったようである（『諸原理について』、七九頁）。この謎の人物は、オリゲネスが重んじていた旧約聖書ギリシア語訳者であるアキュラ、あるいはヒレル（紀元前一世紀）などの著名なユダヤ教ラビのことではないかと考える研究者もいる。また、オリゲネスの作品に度々登場する「あるヘブライ人」は、常に同一人物ではない可能性もあり得るものの、しかし、〈説教九〉に登場するこの人物が、セラフィムについての情報をオリゲネスに与えたと言われる人物と同一であるとすれば、この人物の思想そのものは明らかにキリスト教徒の立場に立っていることから、彼はユダヤ人キリスト者の一人であったのだろう。

（9）イザ6・9．

（10）イザ40・6．

（11）古代教父オリゲネスにとって、現代で言うところの第二、第三イザヤといった区分の理解はなく、イザヤ書すべてを預言者イザヤが書き記したものと彼は理解している。
「あるヘブライ人」の解釈によれば、召命を受けた直後は、「わたしを遣わしてください」という大胆さを持っていたイザヤであったのにもかかわらず、その直後、彼にとって、あまり人に伝えたくはないような言葉を授かってしまったがゆえに、彼は弱気になってしまったという。そして、この時の苦い体験が、「呼びかけよ」（イザ40・6）と命じられた後の「（わたしは）何と呼びかけたらよいか」（イザ40・6）というイザヤの返答の言葉によく反映されているという。強引な解釈だが、第一イザヤの召命と第二イザヤの召命（イザ40・1以下）の違いに着目しているところは興味深い。

（12）マタ13・13．

（13）「これらのこと」とは、イザ6・9の「あなたがたは確かに聞くだろうが、理解しないだろう。――」といった一連の言葉のことであろう。そして、「救い主に関わるものとして預言されているもの」とは、やがて救い主が語る御言葉に対し、ユダヤ人が頑なに耳を塞ぐ時がやって来ることを預言した言葉であるということか（説教六・3を参照）。

（14）このイザ6・9の引用の言葉は、他のところで引用されている同じ箇所の言葉と異なる。やはりオリゲネスは自身の記憶によってその都度聖書の言葉を引用していたためか。

（15）ヨハ9章の「生まれつきの盲人」のことが意識されているのか。この盲人の肉眼が見えるようになった様を見届けていた人々は、この出来事に隠された深い霊的な意味を見出すことはできなかったということ。
(16) マル4・34.
(17) マタ13・9.
(18) ここで言われる「この耳」は、ただ今聖書から引用がなされたところの「聞くための耳」(マタ13・9) を受けての身体的な耳のことである。
(19) 説教六・6を参照。
(20) マタ13・7、22.
(21) 出4・10.
モーセの言葉が「繊細」とあるのは、「わたしは弱々しい声であり、言葉の遅い者です」(七十人訳出4・10) における「弱々しい声」のことを指している。文脈的には明らかに消極的な意味において「弱々しい声」(出4・10) と言われているのであるが、オリゲネスは「弱い」という特質を、「繊細」という積極的な意味に転義して解釈したのだろうか (Fürst, S.303)。
(22) マタ5・8.
(23) ここで、「人について、何と言えばよいのでしょうか?」とあるのは、前文における「多くの人」、すなわち、霊的に見ることができず、空しく被造物を眺めているのに過ぎない人たちのことが念頭にあるのと同時に、続く文に引用されているところの、詩8編における「人間は何ものなのでしょう。人の子は何ものなのでしょう」(詩8・5) が意識されているものと思われる。
(24) 詩8・4.
(25) 残念ながら、現存する〈説教九〉はここで終わっている。最後の部分を推測しつつ要約してみれば、以下の通りとなろう。「預言者（詩編の作者）は、なぜ今も目で見えているはずの天体を、『見るだろう』と未来形で言っているのか。それには深い理由があるはずだ。つまり、『星や太陽を見る』ということには、肉眼でそれらを見るということとは別の見方、すなわち、それらを霊的に見るといった見方が存在するはずである」。

さらに、後代の者も途中で終わっているこの〈説教九〉の続きを想像し、考えられ得る結論を導き出したかったのであろう。おそらく写本家の手によるものと思われる以下の言葉が続く〈説教九〉の写本が存在する（Fürst, S.305）。「——理解できるはずなのです。つまり、聖なる者たちがあなた（神）の霊の賜物を通して、地上より高められ、何らかの仕方において、天に属する存在となるであろうということを、わたしは見ることになるでしょう、という意味なのです。そして、彼らは使徒（パウロ）と共に、諸々の力の高みにおいて、言うことができるでしょう。『我々の故郷は天にあり』（フィリ3・20）と！」

オリゲネスの天体等についての理解において、「聖なる者」は義とされた人間だけに留まらず、一定の軌道に沿って動く太陽や月、星自体もまた、初めから魂を宿した理性的存在者としての「聖なる者」である（参．『諸原理について』、一〇七頁）。よって、単純に結論づけることはできないが、それでも、以上の言葉を最後に繋げた写本家の見解に従えば、預言者（詩編の作者）が「やがて見るだろう」対象である月や星は、パウロを始め、やがてこの世の生涯を終え、天の高みに引き上げられることになった聖なる者（義人）たちのことを象徴していると言えよう。そして、預言者（詩編の作者）は、「わたしはやがて、聖なる者たちが高められて、彼らが彼ら自身の本当の故郷である天に住む者となり、神の栄光を映し出す存在となるであろうことを信じる」と告白していることになる。

「人間」は動物とは違う。本来、人間は天体を身体的な肉眼で見るだけではなく、それを霊的に見ることができる者でなくてはならない。しかし、「あなたがたは見るだろうが、認識しない」人たちは、動物のように肉眼で見るだけであって、霊的に見ることはできないでいる。このような人たちとは違って、預言者（詩編の作者）は星などの物体を肉眼で見ているのと同時に、それを霊的に見ようとしていたのだ、といったような結論をもって、写本家はオリゲネスの主張を裏付ける形で〈説教九〉を結んだことになる。だが実際には、説教表題に7章11節までとあるように、本来、〈説教九〉はこの後も主題を変えて長く続いたものと思われる。

◉オリゲネス『イザヤ書注解』の断片（「断片一」―「断片三」）注

（1）Pamphilus, *Apologia pro Origene* 116.
オリゲネスの『イザヤ書注解』については、解説（オリゲネスのイザヤ書に関する著作について）を参照。断片一は、オリゲネス『イザヤ書注解』第一巻からの抜粋であり、「天よ、聞け。地よ、耳を傾けよ。主がお語りになった。わたしは子らを生み、育てて大きくした。しかし、彼らはわたしに背いた」（七十人訳イザ1・2）という聖書箇所の注解の一部分であるとされる。

（2）キリストは「油注がれた人」の意味。

（3）詩105・15、七十人訳では104・15.

（4）詩82・6、七十人訳では81・6、ヨハ10・34.

（5）コリ一8・6.

（6）以上の短い断片はオリゲネスの思想と合致する。「まさに聖なる者ひとりひとりのうちにキリストが見出され、このただひとりのキリストを通して多くのキリストが生じます。彼らは、キリストを模倣する者らであり、神の像であるキリストに則して形造られた者らです。このため、預言者を通して、神は言われます。『わたしのキリストたち（油注がれた者たち）にさわってはならない』と」（『ヨハネによる福音注解』、一八四―一八五頁より）。

（7）Pamphilus, *Apologia pro Origene* 137.
断片二は、『イザヤ書注解』第二八巻からの抜粋であるとされ、聖書箇所は「死者たちは復活し、墓にいる人たちは蘇るだろう。そして、地にいる人たちは喜ぶだろう」（七十人訳イザ26・19）である。

オリゲネスの著作において多く見出され、多様な観点から議論され得る彼の復活理解は、後の時代の復活論争に影響を及ぼし、そして、彼が異端宣告されるための原因の一つとなったほど重要なテーマである。

（8）コリ一15・51.
（9）ルカ13・28.
（10）フィリ3・21.
（11）コリ一15・23.
（12）コリ一15・42―44.
（13）黙20・6.
（14）つまり、イザ26・19の箇所。
（15）Pamphilus, *Apologia pro Origene* 139.
断片三の短い抜粋部分は、断片二における抜粋部分のすぐ後の言葉であるとされる。聖書箇所は断片二と同様イザ26・19である。
（16）コリ一15・41以下.
（17）コリ一15・42.
（18）コリ一15・44.

解説

堀江知己

一　オリゲネスについて(1)

オリゲネスは、残存する著作において、自分自身について語ることは極めて少ないが、エウセビオス（二六五年頃―三四〇年頃）やヒエロニムス（三四七―四一九年）などの後代の教父たちがオリゲネスの生涯については比較的まとまった記述を残している。それらによれば、オリゲネスは一八五年頃エジプトのアレクサンドリアで生まれた。アレクサンドリアはヘレニズム文献学や哲学の影響下の都市であり、哲学の他に、数学や天文学、医学、地理学といった諸科学の成果を収めた大図書館が存在していた。この図書館において、ホメロス作品の校訂や写本の修正も行われていた。当時の支配的な哲学は中期プラトン主義であり、著名なアンモニオス・サッカスが塾を開いており、青年時代にオリゲネスも彼に師事した。一方この町はユダヤ人が早くから移住した町でもあり、母国語へブライ語を知らないユダヤ人のために、この町で七十人訳ギリシア語聖書が作成されたことはよく知られている。

アレクサンドリアはユダヤ人哲学者フィロン（紀元前二〇年頃―紀元四〇年頃）が活躍した町でもある。彼はギリシア哲学を導入し比喩的聖書解釈を行った。さらにこの町では善悪二元論を説くグノーシス主義も盛んであった。そしてキリスト教である。アレクサンドリアには、福音書記者マルコがキリスト教を伝えたと言われ、聖マルコの名を冠した司教座教会も置かれていた。神学者パンタイノスが私塾を開き、そこでクレメンス（一五〇年頃―二一五年頃）が学んだ。オリゲネスがクレメンスに学んだかどうかは意見が分かれるが、少なくともオリゲネスは彼の著作を知っていた。

オリゲネスは比較的裕福な家庭に、しかも熱心なキリスト教徒を両親として生まれた。彼の父は、二〇二年のセプティミウス・セウェルス帝の迫害で死を遂げた殉教者レオニデスである。オリゲネスはこの父によって、ヘレニズム一般教育と共に、聖書の教育を受けた。オリゲネスは幼少期から優れた才覚を示し、聖書の字義通りの読みに満足せず、そこに隠された霊的意味を求め、鋭い考察力の質問を父親に浴びせた。

この迫害によって、オリゲネスの家の財産は没収されたが、幸いにして、彼の才能に目を向けたある裕福な婦人の援助によって、彼は勉学を続けることができ、二十歳頃には自宅に塾を開いている。この塾はギリシアの文学・文法学（文献学）を教える所であった。文法学の教師の体験が、後のオリゲネスの聖書解釈の基礎を築くことになる。

迫害が継続する中で、オリゲネスはこの塾でキリスト教についても教えていたようであり、その中から幾人もの殉教者が出た。間もなく迫害は中断され、司教デメトリオスの認可によって、オリゲネスは信徒伝道師に任命され、キリスト教教育に専念するようになる。

次第に多くの求道者がオリゲネスを訪れるようになり、彼は昼には熱心に教え、夜には自宅にて聖書研究に没頭した。学生の多さのゆえに、かつて同じアンモニオス・サッカスの下で学んだヘラクラスに初心者を教えさせ、自らは上級者の教育に携わるようになった。二一五年頃単発的な迫害が起こった。この時オリゲネスはパレスティナに逃れ、そこで司教たちの求めに応じて説教をした。この知らせを聞いたデメトリオスは、一信徒が司教たちの前で説教したことに対し憤慨し、彼をアレクサンドリアに呼び戻した。しかしオリゲネスの名声は収まることを知らず、オリゲネスのところには、著名な哲学者も遠方から訪れたほどであった。

二三〇年以降のことである。オリゲネスはアテネに向かった。その途中パレスティナ滞在中に、カイサリアの司教から司祭叙階を受けた。デメトリオスの怒りを買うことが予想される中で、なぜアレクサンドリア出身のオリゲネスが別の司教区で叙階を受けたのか、といった問題はある。実際デメトリオスはこの後オリゲネスをアレクサンドリアから追放した。追放が正当化されるための理由は幾つか考えられるが、他の司教区にも名声が伝わっていたオリゲネスに対するデメトリオスの嫉妬が、この処置の根底にあったことは間違いない。

アレクサンドリアを追放された後、オリゲネスはパレスティナのカイサリアに迎えられ、それ以降彼は司祭として活動する。彼はカイサリアでも塾を開いた。この塾では、文法学その他の一般教育、自然科学、幾何学、哲学、そしてその後に神学の教育が行われた。そして彼は次々に聖書注解を書き記し、週三度程の信徒のための説教に専心した。彼は弟子たちと共同生活を送っていたが、そこは聖書朗読と祈りを欠くことのない霊的な生活の場であった。アラビアでの教会会議に招かれて活躍するようになると、オリゲネスは自身の説教を速記させることを許可した。

二四九年、デキウス帝により迫害が再燃する。この迫害の際にオリゲネスは捕らえられ、過酷な拷問を受け、一年以上の獄中生活を送ったが、皇帝の死によって釈放された。オリゲネスはこの迫害の最中に殉教したとも伝えられるが、実際にはこの迫害の際の傷が原因で亡くなったと思われる。オリゲネスの遺体は、二五五年頃にティルスで埋葬された。

オリゲネスが生きた時代、彼の故郷アレクサンドリアを始め諸都市では、キリスト教文化よりも遥かにヘレニズム文化の影響が強かった。そのただ中で、自分が信じる宗教をどのようにして立証し、また弁明するかといった課題が待ち受けていたが、その課題はユダヤ教徒も同様で、とりわけフィロンはユダヤ教の弁明のためにストア派哲学(2)を援用した。同様に、キリスト教神学の揺籃期に活躍した古代教父は皆ヘレニズムの教育を受け、各々の時代に主流であった哲学思想や概念を用いてキリスト教神学を打ち立てた。オリゲネスもその一人である。オリゲネスにとって、キリスト教神学者として活躍し始めた以降も、ヘレニズムにおける諸科学、とりわけ哲学は生涯の友であった。オリゲネスの神学及び聖書解釈には、キリスト教以外の要素が見られることは否めない。彼の著作には、その時代に主流を占めていた中期プラトン哲学[3]の善の概念、体・魂・霊といった人間理解、不変の存在者なる最高神の概念、理性的被造物が与ることができるロゴス論などが見られる。

キリスト教が公認される四世紀以降の時代には、ギリシア的思想や哲学観念は背後に退いていったために、ニカイア会議以後の神学者たちの聖書理解と、オリゲネスのそれとの差異が浮き彫りになり、各地でオリゲネス論争が勃発する。サラミスのエピファニオス（三一五—四〇三年）に始まるオリゲネス論争は、オリゲネスの故郷アレクサンドリアの司教テオフィロス（在位：三八五—四一二年）に引き継がれ、オリゲネス神学は弾劾の憂き目を被る。我々はその様子をこの解説の最後に確認する。そしてオリゲネス論争は激化し、ついに五五三年、魂の理解や復活観を始めとするオリゲネスの教えに対する異端宣告が出された[4]。

オリゲネスの名声が失われた理由は、必ずしも彼の聖書理解のみにあるのではなく、むしろ彼の神学以外の諸要因にも存在する。つまりキリスト教の公認以後、急激に社会的地位が向上した教会指導者たちの野心や対立など、オリゲネスの神学とは無関係な人間的理由から、彼の名声は貶められるようになる。後代の人たちはオリゲネスを正当に評価できず彼を排除した。それでもなお彼らは皆、オリゲネスの神学を意識していた。彼らがオリゲネスの神学や比喩的聖書解釈の危険性を指摘し、それを意識的に避けつつ彼とは違う聖書解釈を目指した事実は、いかにオリゲネスの神学と聖書理解の影響力が大きかったかを逆に物語るものである。

その後の歴史においても、神学者たちへのオリゲネスの影響は止まなかった。たとえば人文学者エラスムス（一四六六—一五三六年）はアウグスティヌス（三五四—四三〇年）よりもオリゲネスを好んだ一人であった。だが公にオリゲネスが再評価されたのは二十世紀になってからである。カトリック教会の公文書において彼の名が目立つようになり、国際オリゲネス学会が創立され、各国でのオリゲネス全集の創刊が相次ぐなど、今日においてもオリゲネス研究は益々盛んになっている。

二　オリゲネスのイザヤ書に関する著作について

異端宣告によってオリゲネスの著作の大半は失われたが、現存する著作の多くは、今日のキリスト教神学において価値あるものであり続けている。

本文批評の先駆けとされる『ヘクサプラ』、組織神学の祖とも称される『諸原理について』、異端に対する護教書『ケルソス駁論』、異端との対話『ヘラクレイデスとの対話』、そして『祈りについて』『殉教の勧め』等である。その他の著作のほとんどが聖書に関する注解及び説教である。

オリゲネスは旧約聖書を広範囲に研究し、説教し、注解書を著した。後の教会に普及した聖書に関する著作の以下の区分もオリゲネスによって始まる。オリゲネスの聖書に関する著作は三つに区分される。第一に注解、第二に説教（講話）（Homilia）、そしてスコリア σχόλια（Scholia）と呼ばれる、個々の短い節に対する黙想及び観想である。(5)

ギリシア語で存在するのは『ヨハネによる福音注解』の一部や『エレミヤ書説教』など少数であり、その他はティラニウス・ルフィヌス（三四五年頃―四一〇年）とヒエロニムスのラテン語訳によって存在する。創世記に始まり詩編や雅歌、十二小預言書の聖書注解及び説教が数多く残っている。また、注解の一部なのか説教の一部であったのかその出典は不明だが、聖書本文に関する多数の断片が残っている。

注解と説教を分析すると、説教は一般信徒に向けられたもので、注解は限られた者たちに対する高度の著作、といった区別は適切ではない。確かに注解は特定の時間やテキスト範囲に拘らず、構成や配分も充実した学問的釈義と言える。しかし、注解にも信徒を激励し、勧告を与える言葉が見られる。一方、事前に朗読箇所を知らされていなかったと思わせる説教もあるが[6]、しかし基本的には、説教は偶発的な雑談のようなものではなく、当時既に存在した継続的な聖書朗読サイクルに従って入念に準備されたものであった。また説教においても、写本の違いに言及することもあり（説教二・1、説教四・1を参照）、一般会衆の理解を越えた内容を持つものも見られる。つまり、注解と説教の二者は厳密な区別が難しいのが現状である。

《イザヤ書注解[7]》

ヒエロニムスの手紙[8]や彼の『イザヤ書注解』、及びエウセビオス『イザヤ書注解』の中に、オリゲネスの『イザヤ書注解』を知っていたと思われる痕跡が僅かだが残っている。両者はオリゲネスの『イザヤ書注解』を熱心に研究し、自身の注解書のために大いに活用したらしい。よって、オリゲネスの『イザヤ書注解』は彼の他の作品と同様に、多くの者に影響を与える作品であったことが分かる。しかし残念ながらその大半が失われてしまった。

『イザヤ書注解』はオリゲネスのアレクサンドリア時代の作品に属するものではなく、カイサリアで誕生した。それはイザヤ書30章5節までの全三十巻にも亘る注解書であったが、彼はイザヤ書の全章の注解は記さなかった。

オリゲネス『イザヤ書注解』の断片と確定されるものは、『オリゲネス擁護論[9]』（*Apologia pro Origene*）を書き記したパンフィロス（二四〇年頃―三一〇年頃）の弁明書に記録されている僅か三つの引用のみである。しかもこの原著はギリシア語であったが、我々が手にすることができるのはルフィヌスによるラテン語訳に過ぎない。

《イザヤ書説教》

オリゲネスの『イザヤ書説教』は元来ギリシア語で書き記されたが、すべてヒエロニムスによるラテン語訳で現存する。

ヒエロニムスのラテン語訳は九つだが、元々オリゲネスのイザヤ書説教の数は、二五あるいは三二存在したと言われる[10]。さらに、これは彼の他の説教にも該当することだが、オリゲネスのイザヤ書説教がいつ頃のものなのか定かではない。彼は説教の中で自分の以前の説教に言及することがあるので、彼のその他の作品との兼ね合いから年代を特定する試みもなされているが、しかしそれにはやはり限界がある。断言できるのは、オリゲネスの『イザヤ書説教』は、彼が説教の速記を認めた時期として推測される二四四年以後[11]のものであり、しかもエウセビオスの証言[12]と合わせると、『イザヤ書注解』よりも後になされたものと考えられる。

オリゲネスの『イザヤ書説教』の九つのラテン語訳には、その詳細について訳者ヒエロニムスが沈黙しているといった大きな問題がある。だがルフィヌスの証言によって、ヒエロニムスによるラテン語訳であることが確定される。彼は三八〇年頃コンスタンティノポリスにおいて、元々二五あるいは三二存在していたオリゲネスの『イザヤ書説教』の中から九つを選択し翻訳したと考えられる。

九つの説教において、どの聖書テキストが扱われているのかは各説教内容から確認できる。つまり、これはオリゲネスの普段の説教方針でもあるが、彼は各説教において聖書テキストを比較的丁寧に順を追って朗読し話を進めるので、説教自体から各説教で扱われた聖書テキスト範囲を確かめることができる。

各説教の冒頭の表題はオリゲネスによるものではなく、後代に付加されたものである。表題に関しては、「預言者の第何番目の幻」(説教一)とあり、あるいは当時の教会において神学的に重要である節が表題となっており(説教二)、あるいはその説教で扱われる節の最初の節の引用であったりする。だが九つの説教表題に一貫性が見られない理由は、ヒエロニムスがオリゲネスのイザヤ書説教のギリシア語写本を収集した際に、既に色々な表題が付された写本が存在していたことによると思われる。

ヒエロニムスが選別して翻訳した九つの説教は、イザヤ書6章を扱うものが約半分を占める。つまり、偏りが見られる。しかし逆に、偏りがあるということこそ、ヒエロニムス自身のイザヤ書における関心を告げている。つまり、イザヤ書6章の説教が幾つも翻訳されていること自体、ヒエロニムス自身のこの箇所に対する高い関心を示している。

オリゲネス『イザヤ書説教』において、とりわけ二人のセラフィムをキリストと聖霊の象徴として捉える比喩的聖書理解は、後の一連のアリウス論争にて問題とされた。その他にも、各説教で扱われる中身はそれ相応の重要性が認められるが、いずれにしても、現存するオリゲネスの九つの『イザヤ書説教』は、訳者ヒエロニムスにとって重要とみなされたオリゲネスによるイザヤ書説教集なのである。

本書は現在ドイツで刊行中の『オリゲネス全集』の第十巻からの翻訳である。予定としてこのシリーズは総二五巻、計四十冊以上の大著になる予定である。[13] この度の第十巻に掲載された『イザヤ書説教』の底本は、*Die Griechischen Christlichen Schriftsteller*（『ギリシア教父著作集』）, *Origenes 8* (hg. von W. A. Baehrens, GCS 33, Leipzig, 1925) に収録されたテキストである。

この底本についての歴史を簡単に振り返れば、オリゲネス『イザヤ書説教』のラテン語訳は、同じくヒエロニムスが訳したオリゲネスの『エレミヤ書説教』及び『エゼキエル書説教』の写本と一緒に伝承されたきた。その最も古い原型はローマにおける六世紀前半に遡る。ヒエロニムスはオリゲネスの預言書説教を翻訳した三八〇年頃の後、まもなくローマを訪れたが、その際に自身の翻訳を携え、それがローマの写本家の手に渡って受け継がれたものと考えられる。だが六世紀のものは不完全なものであり、より正確な形の写本は九世紀頃のものである。宗教改革時代、エラスムスを始めとする神学者たちの手によって、オリゲネス『イザヤ書説教』は彼の他の預言書の作品と共に出版された。その後もDelarueやミーニュ[14]（Migne）などの研究者によって校訂作業は徐々に進められ、近代の批評的な立場から一九二五年、Wilhelm Adolf Baehrensによる厳格な写本研究の下で校訂作業が行われ、現在の底本の形となった。

オリゲネス『イザヤ書説教』の翻訳は以下の通り。

Origène, *Homélies sur Isaïe*, traduites par J. Millet, in: Isaïe expliqué par les Péres, o.O.1983, 19-87.

Origene, *Omelie su Isaia*, traduzione, introduzione e note a cura di M. I. Danieli (CTePa 132), Roma: Città Nuova, 1996.

最新の英訳として、以下のヒエロニムス『イザヤ書注解』の付録にオリゲネスの『イザヤ書説教』が収録されている。

Translated by Thomas Scheck, St. Jerome, *Commentary on Isaiah*: Including St. Jerome's Translation of *Origen's Homilies 1-9 on Isaiah* (Ancient Christian Writers, New York: Newman Press, 2015).

一方、この度の邦訳で用いた『オリゲネス全集』第十巻に掲載された『イザヤ書注解』の断片のテキストは、パンフィロス『オリゲネス擁護論』の以下の底本からの抜粋による[15]。

Apologie pour Origène, Suivi de, Rufin d'Aquilée, sur la falsification des livres d'Origène (SC=Sources Chrétiennes 464-465), Paris: Éditions du Cerf, 2002.

それと同一なものとして、Pamphilus von Caesarea, *Apologia pro Origene* (FC=Fontes Christiani 80), Turnhout: Brepols, 2005.

三　オリゲネスの聖書解釈――オリゲネス『イザヤ書説教』を読むにあたって

《ロゴスキリスト論》

オリゲネスの聖書理解を見る前に、彼のロゴス理解を確認してみよう。彼はロゴスとそれに関わる事柄を以下のように理解する。

原初の時代、楽園にて至福の状態にあった理性的被造物（ロゴスに与る者たち）は、悪魔の誘惑に負け、神に逆らい至福の状態を失った。しかし、敵となったこの世界との和解のために、神は救いの営みを行う。神は善人にも悪人にも太陽を昇らせるように、ロゴスは全被造物が参与できる神の恵みである。ロゴスは善にして一者なる神の元から常に降り注がれ、自然界や動物界にも及ぶが、神はとりわけ人間に愛の手を差し伸べる。ロゴスは教師として人を神に導く。ロゴスは神と人を結ぶ絆である。しかし人が神を認識するためには、与えられたロゴスだけでは足りず、さらなる救いの営みが必要であった。ロゴスの受肉である。神はロゴスなる御子を世に遣わし、御子は十字架にて人の罪の贖いを果たした。聖書はこの受肉したロゴス（御子）を伝える書である。信仰者は聖書を通して神の御心を悟り神に近付く。ロゴス（御子）を待望し証しする聖書は、ロゴスそのものによって記された神の言葉である。また人が聖書の真の意味を理解するためには、ロゴスについて語り、ロゴス自らが語るところのロゴスの力によらねばならない。聖書の言葉は受肉したロゴス（御子）自身のことでもあるので、律法や詩編、預言書の言葉であれ、聖書の言葉はすべて御子が語る言葉なのである。「『しかし、わたし（キリスト）はこのお方によって王として立たせられた』（詩2・7）と（ロゴスが）告げた（聖書の）御言葉（＝ロゴス）のご支配が広く行き届き」（説教一・1）、といったオリゲネスの言葉は、このようなロゴス観をもって理解される。

ロゴスは聖書を通して常に信仰者を導く。ロゴスに日々養われ、霊的成長を遂げ、天へと上昇し、やがては一度失った原初（楽園）の状態へと回復することが、ロゴスに与る者たちに求められている。

《文献学者オリゲネス》

一貫した聖書解釈論を打ち出し、それを実際に適用した最初の人物と評される[16]オリゲネスの聖書解釈の根底には、テキストの文字全般に関する関心と知識がある。比喩的聖書解釈で有名な彼だが、彼は意外にも優れた文法学・文献学者であった[17]。

当時誉とされた職業の修辞学の教師となるためには、生徒たちは学校において必ず文法学（文献学）者(grammaticus)のための教育を受ける必要があった。当時の文法学は現在で言う基礎的言語知識としての文法だけでなく、言語に関わる広範囲を学ぶ学問であった。学校で生徒たちはホメロスを始めとする作品を教材として読み書きを修得した。加えて、正しい読み書きをそこから学習するためには、より正しいテキストが確定されていなくてはならない。したがって、より正しいテキストの確定のための予備的作業として、ホメロスの諸写本の校訂作業といった文献学的研究もヘレニズムの諸都市で行われていた。

オリゲネスもこういったヘレニズム的教育課程を修め、そのテキスト解釈を習得した。文法学の学びにおける地道な作業は、オリゲネスの『ヘクサプラ』（『六欄聖書』）の作成に影響を与えた。『ヘクサプラ』はギリシア語旧約聖書写本における様々な不一致に対処するために作成されたものであり、当時の教会の七十人訳、そして当時のシナゴーグのヘブライ語本文、さらに主要なギリシア語訳写本を六つの欄に並記したものである。『ヘクサプラ』には、ホメロスのテキスト確定作業に用いられたオベルス（obelus）・アステリスク（asterisk）といった記号が踏襲されている。つまり、ギリシア文学や文法学の教師出身であったオリゲネスは、聖書解釈者である以前に、優れた文献学者だったのである。よって彼にはまず聖書の文字、字義に関する強い関心がある。

しかしオリゲネスがこの面倒な作業に携わったのは、専らテキストの文字への関心ゆえではない。聖書テキストの写本の収集過程によって、写本家による多くの誤りが生じ[18]、とりわけグノーシス主義者たちの手によってテキストが意図的に省略され、あるいは加筆されていたことに彼は気付いていた。彼が『ヘクサプラ』を作成した大きな理由は、彼らが聖書テキストを改竄し強引な聖書解釈を行っていることに対する憂いがあったのと同時に、自分自身はそうではないことを内外に示すためであった。

オリゲネスは聖書テキストを丁寧に読み取り、その史実性と歴史的価値を認める。彼は、「大部分な場合、（聖書に記された）歴史的な意味を真実として認めうるし、認めなければならないというのが、わたしの意見であるとはっきり言っておこう[19]」と主張する。彼は不可解なことや辻褄が合わない聖書の記述を簡単に切り捨てることなく、むしろ他の誰よりも字義通りの解釈に重きを置いた。しかし一方で、聖書の文字には神の霊感が宿っていると彼は信じ、文字通りでは理解できない箇所に比喩的解釈を施したのである。

《ヘレニズムによる影響》

オリゲネスの聖書解釈がしばしば非聖書的として受け取られる要因は、彼の聖書解釈にヘレニズムの哲学思想の影響が見られることである。このことは、オリゲネスの聖書解釈の方法論自体からも明らかである。オリゲネスは、人間は体と魂と霊から成る、という当時のヘレニズム人間観に従って聖書解釈を打ち出した。彼は体と魂と霊に該当する解釈として、文字通りの解釈と、魂の向上のための倫理的解釈と、霊と神に関わる事柄及び来るべきものを証しする霊的解釈の三つを考えた。「まず単純な人々が、いわば聖書の体そのもの――聖書の普通の歴史的な意味を、ここで聖書の体と呼んでいる――によって教化されるためであり、次にある程度進歩し始め、より一層深く洞察しうる人々が聖書の魂そのものによって教化されるためであり、ついに完全な人々（略）が、『来たるべき良いことの陰影を宿す』霊的律法によって、いわば霊によって教化されるためである」[20]。

しかし実際には、読者が後者の二つの解釈区分を判別することは難しい。また時代に応じて、オリゲネス自身の関心が神秘的霊的解釈に重きが置かれ、逆に司牧的、つまり倫理的解釈に重きが置かれるようになる[21]。よって三つの解釈区分というよりはむしろ、彼は字義的解釈と、字義通りではない霊的解釈の二通りの解釈によって聖書を解釈したと言える[22]。だが字義通りの読み方に沿って、忠実にそこから霊的解釈を導き出すオリゲネスの聖書解釈は、少なくとも彼自身が打ち立てた聖書解釈の原則から見れば、極めて一貫している[23]。そして、誰よりも字義的解釈を重んじたオリゲネスだが、それを元に導き出す霊的解釈の探求にこそ、彼は生涯力を注いだのである。

オリゲネスの聖書解釈の方法論自体は、ヘレニズムの価値観に左右されているが、さらに、彼が字義的解釈から霊的解釈へと飛躍するための方法も当時のヘレニズムの文献学的手法に影響を受けている。それは第一に、いわゆるアレゴリー（寓意）的解釈によるものである。

ヘレニズム諸都市では、ホメロスの作品を解釈するためにアレゴリーが用いられていた。ホメロスのテキストの字義通りの読み方では理解できない箇所に対処するために、あるいは、ホメロス以後の時代にその作品から今日的意味を読み取るために、アレゴリーによってテキストから霊的意味を導き出す試みがなされていた。具体的には、象徴化された数字理解、テキストの言葉の語源やそれが持つ一般概念、登場人物の性格や動物の習性など、地理、物理、医学、動物学といった各分野の知識がアレゴリーとして用いられ、文字から比喩的意味が拾い出されたのである。この場合ホメロスの作品における字義的意味は比喩的解釈に至るための道具に過ぎない。作品に記された細々とした歴史は重んじられず、解釈のために取り出した言葉が元々の文脈と切り離されて解釈され、解釈者自身の時代に流布していた倫理や哲学的命題がホメロスの作品に読み込まれていった。

ヘレニズムに栄えたアレゴリーによる解釈は、アレクサンドリア出身のユダヤ人アリストブロス（紀元前二世紀）や、彼と同時代と推定される「アリステアスの手紙」にも影響を与え、そしてフィロンに至る。フィロンは七十人訳聖書のあらゆる言葉をアレゴリーによって解釈し、テキスト本来の言葉が持つ意味やその言葉が書かれた文脈から逸脱した比喩的意味を導き出した。たとえば彼の律法理解において、蹄が分かれた動物（レ11・3）は義（蹄によって等しく分かれているため）を象徴し、反芻する動物は義なる者の霊的観想を象徴する。こういった比喩的解釈は、聖書外のプラトン的哲学思想をテキストに読み込む試みであった。フィロンの聖書解釈はキリスト教神学者クレメンスに受け継がれ、そしてオリゲネスにも大きな影響を与えた[24]。

オリゲネスはプラトン哲学を始め、あらゆる分野から知識を活用し、聖書テキストに比喩的解釈を施した。たとえば、彼はサマリアの女の「五人の夫」（ヨハ4・18）における「五」について、当時のヘレニズム人間理解に即して比喩的に理解した。すなわち「五」は五感を象徴すると考えた[25]。また、オリゲネスはかもしか、すなわち「ドルカス」（使9・36）について、この動物が持つとされる自然観察力の鋭さから、かもしかは魂の洞察力が優れた義人を象徴すると考えた[26]。

『イザヤ書説教』においてはどうか。オリゲネスは、二人のセラフィムがその翼をもって隠していた神の顔と足という表象を元に、プラトン主義的時間論を展開する（説教四・1）。しかし彼の聖書解釈において、以上のような聖書テキストの中にヘレニズム文化あるいは当時の一般的概念が読み込まれる頻度は、極端に目立つわけでもない。いやむしろ、オリゲネスがフィロンと決定的に異なるのは、テキストに異なる思想を読み込むのではなく、聖書そのものの思想を浮き上がらせるためにアレゴリカルな方法がとられている点である。

《聖書によって聖書を読む》

オリゲネスの聖書解釈の特徴は、ある聖書テキストの解釈のために他の聖書テキストにヒントを得る方法である。実はこの解釈もまた、同じくホメロス作品の解釈のために当時用いられていた文献学的手法であった(27)。この解釈方法は、「ホメロスからホメロスを説明すべし」といったテキストの内在的理解を中心とする(28)。ある著作を最も理解しているのはその著者本人であるという前提に立てば、ホメロスの著作全体がその作品を理解する上での最も有効な鍵となる。テキスト内在的理解によれば、ホメロスの作品のある不明な言葉を理解する上ではホメロスの他の箇所を調べ、とりわけその言葉と同じ言葉が用いられているテキスト箇所を探るのが原則であって、ホメロスの作品の外に手掛かりを求めることはなく、ホメロスの作品にはない価値観や思想を読み込むこともない。出村みや子によれば、オリゲネスの聖書解釈にはこの解釈方法の影響が強い。オリゲネスはテキストの自律性を重んじた当時の文献学手法を聖書に適用し、聖書から聖書を理解する聖書解釈理論を形成したのである(29)。

確かにオリゲネスはテキストのある言葉、ある数字が持つ概念、あるいは短いフレーズを元にして、テキストの文脈から離れて比喩的解釈を展開するが、いずれも他の聖書箇所との結びつきを極力重んじる。先の神の顔と足に関する解釈も同様で、プラトン主義的な概念が解釈に持ち込まれているものの、しかし同時に、彼は他の聖書テキストに記されている考えを元にして解釈することを忘れていない。

つまるところ、オリゲネスの比喩的聖書解釈は、広範囲に亘る聖書テキストからの引用を可能にする優れた聖書における記憶力と、そして、聖書の言葉やそれが持つ概念の連鎖を通して、文脈に捉われず、聖書に散りばめられた思想を循環させ、自由に豊かに議論を展開できる想像力とによっている。このような聖書解釈は、オリゲネスが『諸原理について』第四巻で展開している。多様な聖書の文字の背後に神の霊感によって書かれた聖書全体の「意図」（スコポス）が想定されている。

もちろん、こういった聖書解釈が持つ危険性にオリゲネスが気付いていなかったわけではない。なぜなら、異端のグノーシス主義者たちも巧みに聖書テキストを拾いながら、ある意味豊かな想像力を駆使して、別の聖書を捏造したからである。そこでオリゲネスは、彼らと自分の聖書解釈の違いを明確にするために、自らの聖書解釈の方針を、教会に言い伝えられた規準に合わせることを何よりも大切にした。後に異端宣告を受け、教会から追放されたオリゲネスだが、彼自身は彼が生きた時代の公同教会の聖書解釈に即して聖書を解釈しようと努めた。オリゲネスは各地の教会で一致している教会の教え（ecclesiastica praedicatio）及び使徒たちに遡る教え（praedicatio apostolica）としての、いわゆる「信仰の規準」（regula fidei）を通して、聖書を読み取ろうとした。[30] この姿勢こそ、異端者の聖書解釈とオリゲネスのそれとを明確に分ける基準となる。そしてこの姿勢は、『イザヤ書説教』でも十分読み取れる。オリゲネスは常に公同の教会を意識し（説教四・2）、また彼自身もそこに連なるところの会衆に対し、常に「わたしたち」と呼びかけ、彼自身が教会に言い伝えられてきた教えに聞こうとしている。

教会の伝統に立ち、誰よりも豊富な聖書に関する記憶力と、そして何人にも劣らぬ豊かな想像力とによって、比喩的解釈を展開したオリゲネスだが、彼は自分が聖書に込められた真の理解を捉え尽くすことができると過信していたわけではない。「霊の（事柄に関する）ことを、霊をもって比較しつつ」（説教六・1）とあるように、聖霊の導きによって記された聖書は、聖霊の導きによって解き明かされるものと彼は信じ、また、正しく聖書が解き明かされるようにと、彼は常に神の助けを求めて説教中に祈っている。

《イザヤ書説教に見られる聖書解釈》

オリゲネスが目指す聖書解釈は『イザヤ書説教』においても実践されている。

初めに、彼が聖書テキストの確定に力を注ぐ姿が、聖書テキストにおける人称や主語の違いを指摘する説教二・1において、あるいはアキュラ訳を参照する説教四・1において確認できる。そしてすべての説教において、オリゲネスは文字通りの読みを決して軽視することなく、それを元にして比喩的解釈を導き出す。とりわけ説教三は、「七人の女が一人の男をつかまえた」（イザ4・1）というテキストの状況説明から始まる。また説教八では、アッシリアがイスラエルの民を揺り動かした、といった聖書に記された歴史的出来事を前提にし、その出来事が今の自分たちの教会にとってどのような意味を持つのか、といったことがこの説教の主題となっている。

オリゲネスは聖書テキストの言葉をアレゴリーとして比喩的解釈を施す。二人のセラフィムが登場する説教一と説教四において、「聖なる」が三度繰り返される「三」の数字から、父・子・聖霊なる三者を描き出す。彼は「七」という数字を元に、「七人の女」を七つの聖霊の賜物として解き明かす。「蜂蜜」という一単語を元に聖書の御言葉が導き出され（説教二）、「揺り動かす」といったキーワードを元に「岩」が導き出され（説教八）、「この言葉のような言葉は他に存在しない」といったフレーズから唯一なるロゴス賛美が導かれる（説教七）。どの解釈においても、テキストの文脈から大きく離れた比喩的解釈へと飛躍していく。

オリゲネスはテキストの一つの言葉、ある数字が持つ概念、あるいは短いフレーズを元にして、テキストの文脈から離れて自由に比喩的解釈を展開するが、いずれにおいても、聖書から聖書を解釈するといった文献学的手法を駆使する。とりわけその姿勢が見られたのは説教二である。オリゲネスは、幼子が食べた蜂蜜といった、一見不可解な聖書箇所を解き明かす際に、蜂蜜に言及する箴言の言葉を手掛かりとして、説教の聴衆に次のように呼びかける。「（この問題を解くことができるために、）願わくは、わたしたちが皆、次に書かれていることを行う者となれますように！――『聖書を研究せよ！』」（説教二・2）。オリゲネスのこの言葉は、聖書を理解するために聖書を学習するよう勧められる信仰者の姿を端的に示している。

確かに、オリゲネスは比喩的解釈によってテキストを彼の好む思想や教理に読み変えてしまった、と度々批判されてきたことも事実である。導き出された解釈が元々のテキストの文脈からは逸脱している、といった観点から見れば、彼の聖書解釈は恣意的であるとも言える。しかし、オリゲネスの説教を注意深く読むと、キリストの頌栄をもって閉じられた説教は、堂々とした印象を残す力強いメッセージを伝えるゆえに、それに至るための比喩的解釈自体が背後に退いてしまっている感覚を我々は覚える。オリゲネスが説教の最後に到達したメッセージは、元々の聖書テキストの文脈から逸脱したものであったとしても、それでも実に、彼が彼の教会の教えに即して聖書を理解したように、我々の時代の教会における聖書理解や信仰理解とは決して大きく隔たってはいない。贖い主との出会い（説教一、説教四、説教五）、聖書の御言葉を糧とする信仰生活（説教二）、キリストによって与えられる聖霊の賜物（説教三）、唯一なる御言葉（説教七）、教会の土台なる岩としてのキリスト（説教八）といったように、すべてのメッセージが極めて聖書的かつ正統的である。

各説教において、オリゲネス独特の神学も展開されている。説教一の結びに注目したい。ロゴスなる御子の受肉の出来事は一回限りの救いの営みであったが、オリゲネスによれば、聖書における預言者たちの言葉もまたロゴスなのである。「このお方はそれぞれの預言者の中に臨在しておられました。『わたしは預言者たちを通して語っていたキリストである』と、この方（御子）は言われていたのです」（説教一・5）。ロゴスなるキリストは聖書の御言葉に常に現臨する。よって、「どうかあなたも心配しないでくださいね！　今もイエス・キリストはやって来てくださるのですから。このお方は嘘をつかれません。『わたしは世の終わりまで、いつもあなたがたと共にいる』と、このお方は言ってくださいました」（同）。この激励には、預言者たちの言葉に現臨していたキリストは今も日々神の元からやって来る、といった善なる神からの絶えざる流出の観念が込められている。また説教七は、「この言葉のような言葉は他に存在しない」といった敵の愚弄の言葉を逆手にとり、唯一なるロゴス賛美で説教が結ばれるが、これはまさにオリゲネスのロゴス観そのものである。

残念ながら、二人のセラフィムが登場する説教一において、ロゴスとしてのキリストの働きが語られる一方で、もう一人のセラフィムなる聖霊の役割については何も語られていない。その代わりに説教三において、オリゲネスの聖霊についての理解が展開されている。オリゲネスにとって、聖霊は聖なる者たちのみ参与できるものであった[31]。しかし聖霊もまたロゴスなるキリストを通しての恵みなのである。オリゲネスは聖霊に語らせて言う。「わたしはあなた（イエス）の名によって呼ばれたいのです」（説教三・3）。そしてロゴスなるキリストを通して我々も聖霊の賜物に装われ、「すべてにおいてすべて（コリ一15・28）があなた（イエス）の名となる」（同）といった、原初の状態の回復、御国の完成を待ち望むオリゲネスの終末観等、『イザヤ書説教』は実にオリゲネス神学が色濃く反映された作品である。

四　アンティオキア学派によるオリゲネス批判――その批判の再検討

古代教会には、神学と聖書解釈の方法をめぐって異なる立場に立つ二つの学派が存在した。アレクサンドリア学派とアンティオキア学派である。アレクサンドリア出身のクレメンス、そして特にオリゲネスの著作に影響を受け、アレクサンドリアの教理学校を中心とした神学者たちの総称をアレクサンドリア学派と呼ぶ。他方、アレクサンドリア学派、とりわけその代表的人物オリゲネスの聖書解釈に対立した、三―五世紀にアンティオキアを中心に活動した教父たちの総称をアンティオキア学派と呼ぶ。

アンティオキア学派の聖書解釈は、どのようなものであったのだろうか。

聖書を解釈する上で、アンティオキア学派が重んじたのは「歴史」(historia)であった。古代において「歴史」の概念自体が時代に応じて推移したが、「歴史」は文書に記述された物語、端的に言えば、聖書テキストの字義的意味として言い換えられる。また彼らの歴史観は、現代の我々が持つような、読者の主観とは切り離された客観的史実としての歴史観とは大きく異なり、そこから何らかの倫理や教訓を読み取るべきものであった[32]。この歴史観に立ち、アンティオキア学派の教父たちも聖書本文には直接言及されていない教理や倫理をそこから頻繁に導き出した[33]。

では、彼らはどのような解釈方法によってそうしたのだろうか。

四世紀のディオドロスは、歴史（historia）とテオーリア（theoria）という二つの概念を提唱した。彼によれば「歴史」、つまり聖書テキストの字義的意味を無視し、アレゴリーによって聖書解釈をしてはならず、「歴史」を基礎として、より深い意味を導き出すのがテオーリアである[34]。彼に代表されるアンティオキア学派は、聖書は何よりもまずテキストに書かれた「歴史」に沿って読まれ、その文脈に照らして分析される必要があると考えた。よって、彼らは聖書の「歴史」から解釈を導くために、アレゴリー自体を否定したわけではない。むしろ、彼らによるオリゲネス批判、とりわけオリゲネスのアレゴリーに対する批判は、オリゲネスがテキストの「歴史」を無視してアレゴリーを用いている、といった批判なのである[35]。

このような批判は、アンティオキアという都市に限られたものでなく、オリゲネスが活躍したアレクサンドリアにおいても行われた。以下では、その具体的な例を確認したい。

《アレクサンドリアのテオフィロスによるオリゲネス批判》

アレクサンドリアの司教テオフィロス[36]は、オリゲネスのセラフィム理解（イザ6・1―6）に対する痛烈な批判論文『イザヤの幻についてのオリゲネス論駁』[37]を書き記した。この論文は、テオフィロスが四〇〇年にギリシア語で書き記し、すぐ後にヒエロニムスがラテン語訳したものと考えられる[38]。この時代にはアンティオキア学派による聖書解釈がアレクサンドリアにも広まっていたようだが、テオフィロスの論文には以下の記述がある。

「歴史（historia）は各々の時代に起こった特質に応じて起こったものを告げているのと同時に、読者を歴史（が示すところ）の例を通して、最善なものへと従わせ、それとは反対のものを避けるようにと喚起する。その後に、アレゴリー（allegoria）は階段の列を上るかのように、歴史を通してより高次な物事へと上昇するのであって、（アレゴリーは）歴史に反するものではなく、歴史に基づいているべきものなのである」[39]。「（岩からキリストを解き明かす［コリ一10・4」）パウロは、はっきりと明らかである歴史を決して否定しない。そして、その際にパウロは（歴史の）出来事に対してより高次な解釈を施し、（歴史といった）基礎を壊さないまま屋根を設けている。オリゲネスもこの（パウロの）ような仕方でアレゴリーによる解釈に従事していれば、我々も喜んでその解釈を受け入れたであろう。だがオリゲネスは真実を引き裂き、虚偽を作成しているので、我々はその解釈を退けなくてはならないのだ(40)」。

以上のテオフィロスによるアレゴリーの捉え方は、アンティオキア学派のテオーリアを思い起こさせる(41)。テオフィロスはテオーリアという用語ではなく、アレゴリーという言葉を用いているものの、両者は根本的には同一の姿勢をとっている。

テオフィロスはオリゲネスの聖書解釈を批判する際に、イザヤ書に記された幻について、それを年代的、つまり文脈に沿って解釈する。イザヤ書テキストの配列に従えば、「ウジヤ王が生きていた間、預言者イザヤは幻を見ることができませんでした」（説教一・1）というオリゲネスの見解は直ちに否定される。なぜなら、イザヤ書6章以前にもイザヤは幻を二度見ているからである（イザ1・1、2・1）。

さらに、テオフィロスによる最大の批判は、二人のセラフィムをイエスと聖霊の象徴とみなすオリゲネスの理解に対して向けられる。

「二人のセラフィムは神の御顔を覆っていました。なぜなら、神の起源は知ることができないからです。（略）人は中間のものごとのみ見ることができるのであって、以前にあったものは、わたしの知るところではありません。（現在）存在しているものから、わたしは神を認識できるのです。未来のことは、それはやがて存在することになるだろうものなのだから知ることはできないのです」（説教一・2）。

テオフィロスは、このオリゲネスの解釈を執拗に批判する。テオフィロスによれば、セラフィムが覆っていたのは自分の顔である。もしセラフィムが神の顔と足を覆っていたのだとすれば、セラフィムは神よりも大きい、つまり偉大ということになる。よって、セラフィムが自分の顔を覆っていたことが指し示すことは、神の本質に従って死すべき者は神の顔を見ることができない、といった教理であった。[42] 彼は言う。「もしすべてのものは神の中にある（参・ローマ11・36）のならば、セラフィムもまたそう（神の中におかれるもの）でなくてはならない。セラフィムがたとえその他のすべての被造物よりも偉大であったとしても、彼らによって神が覆われることはありえない。逆なのだ。神の崇高さこそ、セラフィムを含むすべての被造物を包み込むのである」。[43]

しかし、オリゲネスの説教一の内容を教理的に分析するとしたら、それはやはり、神の秘義は認識できないという教理である。このオリゲネスの見解にテオフィロスは気付いていないのか、あるいは故意に無視している。[44]

テオフィロスにはオリゲネスの説教内容に忠実に従わずして、彼を批判している点が少なくない。たとえば、オリゲネスはウジヤを我々に対する悪の支配者とみなし、そしてウジヤが死んだ後初めて神の支配が我々に訪れると解釈する。テオフィロスはこの実存的解釈の真意に迫ることなく、むしろ、「ウジヤが死んだ後にも、『ああ災いだ、わたしは汚れた唇の者』と、イザヤはなおも自分が罪人であることを告白しているではないか」、といったような些細な矛盾をつき、オリゲネスの解釈は「歴史」、言い換えればテキストにおける時間の流れに逆らっており、彼のアレゴリーの用い方は不適切であると主張する。[45]

こういったアンティオキア学派のオリゲネス批判について、現代の我々の立場から改めて捉え直す必要があろう。彼らが最も批判したのはオリゲネスのアレゴリーによる聖書解釈であった。よって、我々はまずアレゴリーによる聖書解釈そのものについて考えなくてはならない。

《タイポロジカル解釈とアレゴリカル解釈》

すでにいくつかの指摘をしたように、教父たちの聖書解釈には、字義的解釈・タイポロジカル解釈・アレゴリカル解釈といった伝統的区分が存在する。

字義的解釈とは、聖書に記された字義通りの意味に忠実に従い、聖書本文が伝える出来事をそのままの事実としてのみ認める解釈である。字義的解釈によれば、出エジプトの出来事はキリストの十字架の出来事とは全く別の時代の相関性のない歴史的事実として理解される。また、聖書における数字などもそのまま理解されるに過ぎず、細かい動物の肉の食物規定に関しても、あえてそこに別の意味を探ることはない。

一方、ほとんどすべての教父たちは比喩的解釈を用いたが、比喩的解釈はさらに二通りに分けられる。タイポロジカル（予型的、「テュポス（τύπος）」は「型」の意）解釈と、アレゴリカル（寓意的）解釈である[46]。τύπος は「跡」（ヨハ20・25）とも訳されるように、一つの出来事や物事の跡に倣ってもう一つの別の出来事や物事が形作られ、あるいは理解される仕方がタイポロジカル解釈である。この解釈の代表例は、過ぎ越し及び出エジプトの出来事の解釈に見られる。教父たちはこれらの出来事を、キリストの受難及び救済の出来事と関連づけて解釈した。だが教父たちを遡る新約聖書記者においても、最後の晩餐の出来事がキリストの死と復活の先取りとみなされており（マル14・12—26）、また使徒たちを遡る時代において、既にユダヤ人がタイポロジカル解釈を行っていた。たとえば、第二イザヤはバビロン捕囚からエルサレムへの帰還を、第二の出エジプトの出来事として理解した（イザ48・20—21、49・9—10、51・10、52・11—12）[47]。さらにイエスの時代のユダヤ教ラビたちも、出エジプトの出来事を彼らのメシア思想と結びつけて解釈した。彼らによれば、かつて神がエジプトの民を打った出来事は、メシア時代の始まりにおける神のローマに対する復讐の出来事の予型であった[48]。

つまり、タイポロジカル解釈はキリスト教会に由来するものではない。むしろ、キリスト教会がユダヤ教に伝統的なその解釈を踏襲したのである[49]。しかしいずれにしても、タイポロジカル解釈とは、聖書に記された過去の出来事ないし歴史と切り離すことはできず、従って聖書に書かれた歴史と深く結びついた歴史的解釈と言える。

次にアレゴリカル解釈である。アレゴリーという概念は、元々は「公の場にて話す（ἀγορεύω）」という意味であった語が次第に「別の」を意味する「アロス（ἄλλος）」と結びつき、同じテーマに関して変化をもたらす表現となり、「一つ以上のことを意味するもの」と発展した。[50] 前述のように、ヘレニズム文献学に由来するこのアレゴリカル解釈は、ある物や人物、数字から連想あるいは関連づけて別の意味を導き出す解釈である。この解釈の特徴は、聖書解釈のために用いられるアレゴリーが、必ずしも聖書だけではなく、むしろその多くがヘレニズム文化の思想理解、あるいは日常経験から獲得される一般常識と結びついて自由に用いられることである。従って聖書本文から離れ易く、恣意的要素が高いといった特徴がある。

とはいえ、アレゴリカル解釈の定義付けは容易ではない。たとえば、創世記に登場する蛇をサタンとみなす解釈はどうか。教父たちにとって、蛇をサタンのアレゴリーと捉える際に、真っ先に原始物語が念頭にあったはずである。だとすれば、蛇が人類を罪に陥れたという聖書の歴史的出来事があって初めて蛇にサタンが重なり合い、蛇がアレゴリーとして用いられるに至る。よって、蛇をアレゴリーとして用いるアレゴリカル解釈は、聖書の歴史に制限された解釈でもある。

実際、タイポロジカル解釈とアレゴリカル解釈の境界線は時に曖昧である。たとえば、アウグスティヌスが紅海の「紅」の中にキリストの贖いの赤い血を読み取った解釈[51]は、アレゴリカル解釈である。だが彼にとっても、出エジプトの出来事はキリストの贖いの出来事の「型」であった。つまり、タイポロジカル解釈の中にアレゴリーが利用されている。アレゴリーとしての「紅」という言葉自体も、全体としてタイポロジカルな文脈で理解される限り、タイポロジカルな働きを担っている。

では、オリゲネスはどうか。「イザヤ書説教八」において、かつてのサマリアの民を現在の異教徒の譬えとし、一方、かつてのエルサレムを現在の教会の譬えとする解釈はタイポロジカル解釈である。そしてこの解釈の中に、「揺り動かされる」といった一つの概念を通して「岩」が導き出され、さらに「岩」がキリストのアレゴリーとして用いられている。「かつての民が礼拝から逸れて罪に陥っていた時代は、（略）確かに昔の時代です」（説教八・1）といったように、オリゲネスも聖書の歴史的出来事を認識し、そしてこの出来事をタイポロジカルに解釈する中で、キリストを指し示す「岩」といったアレゴリーを投入している。

以上のように、我々が教父たちの比喩的解釈を分析する際に、タイポロジカル解釈とアレゴリカル解釈といった区分けは案外難しい。アンティオキア学派が批判したのもアレゴリカル解釈そのものではない。彼らが批判したのは、テキストの物語の一致を妨げるアレゴリーの使用なのである。つまり、タイポロジカル要素を備えたアレゴリーならば、その使用は十分認められるのである。

彼らの批判は、オリゲネスは「歴史」を無視しているという点にあった[52]。しかし厳密に言えば、オリゲネスは「歴史」、つまりテキストを無視しているのでは決してない。オリゲネスもテキストの記述を真実と認めている。だがオリゲネスはテキストの文脈に沿った解釈に重きを置かず、むしろテキストの一つ一つの言葉に着目して、そこに比喩的意味を見出す傾向が強い。我々は今、オリゲネスのタイポロジカル要素を備えたアレゴリーの使用の一つを見た。しかし確かな傾向として、オリゲネスの作品には、タイポロジカル要素を兼ね備えたアレゴリーの使用が極めて稀であり、むしろ文脈とは完全に切り離された恣意的なアレゴリカル解釈が中心である[53]。そして、アンティオキア学派が批判したのは、そういったオリゲネスの解釈なのである。

《類像的聖書解釈と記号的聖書解釈》

もう一つ別の視点から分析したい。ヤングはアンティオキア学派とアレクサンドリア学派の聖書解釈を識別するために、それぞれ類像（イコン）的聖書解釈（ikonic exegesis）と記号的（symbolic）聖書解釈といったキーワードを用いている。[54] ヤングは次のように説明する。「イコン（像）とは、それが表しているところの人や物事に似ているべきものであるが、一方、記号（シンボル）はこういった意味での描写表現ではない。記号は象徴であり、あるいは表示であり、それによって象徴化されたものとの類似的関係性は（類像的解釈によるそれよりも）薄い[55]」。

たとえば、福音書から倫理や教理を読み取ったクリュソストモスによれば、嵐が荒れる船の中で安々と眠っていたイエスは、弟子たちがいかなる試練や誘惑にも耐え得るための禁欲の姿勢を示し、またキリストが病人の体を癒したことは、キリストが全被造物の造り主であることを指し示す。彼を始めとするアンティオキア学派にとって、聖書の物語は、それを文字通り読むことで読者が容易に類推できるような倫理や教え、つまり、より深い意味を内に宿した像なのである。[56] 類像的解釈においてもアレゴリーは頻繁に用いられる。しかしその際においても、テキストの文脈に沿って解釈される。これに対して、オリゲネスによる記号的聖書解釈は、テキストの一つ一つの言葉をいわば記号とみなし、その記号と記号が指し示すものとの類似的関係性は薄い。さらには言葉が本来置かれていた物語には重要性は置かれず、従ってタイポロジカル要素を失い、結果的に物語の連続を破壊してしまう可能性が高いのである。[57]

しかし、テキストの扱い方はオリゲネスと異なるものの、アンティオキア学派の聖書解釈は、テキストから、そのテキストが直接言及してはいない教理や倫理を豊富に導き出す解釈であったとすれば、それはオリゲネスも同様であった。オリゲネスはテキストにおける前後の文脈を遮り、テキスト内の言葉の一点一画から解釈する、といった大きな違いはあるものの、テキストのすべての文字が神の霊感によって記されたものと信じていたがゆえに、彼は比喩的意味を導き出すためにテキストを用いたのである。そして、あるテキストからそれが直接言及していない教理や倫理を導き出した、という点においては、オリゲネスの聖書解釈はアンティオキア学派のそれと少しも変わらない。

むしろ、アンティオキア学派によるオリゲネス批判は、公同教会の教理や信条を重視する立場からの挑戦であったとも言える。アリウス論争を始め、教理論争が激化し、信条が次々と形になった時代にあって、アンティオキア学派の教理に関する高い関心が、彼らの聖書解釈の方向性を左右した[58]。アンティオキア学派の広まりとともに、オリゲネス論争が激化したのは偶然ではない。つまり、ニカイア以後のアンティオキア学派の教父たちにとって、テキストの文脈から逸れた解釈を導き出すオリゲネスの聖書解釈は、信条そのものを危うくする危険を感じさせたのである[59]。しかし逆に言えば、彼らの執拗なオリゲネス批判は、自らの信条的立場を守るための、根拠のない批判のための批判に留まる可能性も捨てきれないということである。

そのことは、テオフィロスの論文においても確認できよう。

少なくともオリゲネスは、セラフィムの解釈を通して、御子と聖霊と御父の三者の大きさを比較したのではない。むしろオリゲネスの核心的なメッセージは、父から遣わされたキリストによる贖いであった。テオフィロスは自らの信条や教理への関心の高まりのゆえに、オリゲネスの聖書解釈を正当に評価できず、あるいは彼の聖書理解を曲解して彼を批判した感が強い。そして、その傾向はテオフィロスだけに留まらない。真に皮肉なことだが、アンティオキア学派の教父たちによる、彼らの時代に即した聖書解釈によって、オリゲネスのメッセージ、言い換えてオリゲネスの作品における文脈は大いに軽視されている。かえって、彼らがオリゲネスの作品の中の言葉の細部、まさに一点一画に拘ってしまった結果、彼らはオリゲネスの本来の聖書解釈とそのメッセージを十分読み取ることができなかったように思われる。まさにこの点に現代の我々も熟慮すべきオリゲネスの評価と批判の要諦があるのではないだろうか。

《結びにかえて》

我々にとって、オリゲネスのように聖書テキストの一点一画から比喩的解釈を導くことはとても違和感を感ずるかもしれない。しかし、彼が比喩的解釈によってテキストから導き出したメッセージは皆、根本的には我々の信仰と福音理解に一致している。[60] 実にオリゲネスの聖書解釈の根底にあったものは、聖書、とりわけ旧約聖書を、キリストとキリストに関わる出来事と結びつけて解釈する、といった一つの原則であった。もちろん、このことはオリゲネスだけでなく、他の教父たちにも該当する。聖書からキリストを証しするといった原則こそ、いわゆる正統的な教父たちと、ユダヤ教ラビ及びキリスト教的異端とを隔てる明確な指針である。だが確かに言えることは、聖書テキストの広い文脈を遮り、テキストの一点一画からキリストを証ししたオリゲネスこそ、裏返せば、聖書における最も短い言葉から、最も多くキリストを証しすることに成功した優れた聖書解釈者であったということである。そして、その成功をもたらしたものこそ、彼のアレゴリーによる比喩的解釈であった。我々の時代にあって、我々はオリゲネスの比喩的解釈に遠い距離を感ずるかもしれない。しかし、閉じられた正典としての限られた聖書範囲から、また限られた時間の中で、できるだけ多くキリストについて語り、可能な限り力強くキリストを証しする伝道の使命を負っている者として、我々はオリゲネスの聖書解釈、とりわけ彼の比喩的解釈の中に何かを求めることもできるのではないだろうか。

注

(1)詳細なオリゲネスの生涯・思想・作品については、小高毅『オリゲネス』清水書院、一九九二年を参照。
(2)ゼノン(前三三五—二六三年)に始まるストア派は、新約時代における最も重要な宗教哲学であり、ロゴスの概念を始めキリスト教神学にも多大な影響を及ぼした。
(3)プロティノス(二〇四—二七〇年)による新プラトン主義が起こされるまでの、二世紀から三世紀の間のプラトン哲学。
(4)オリゲネスに対する異端宣告文に関しては、小高毅編『原典 古代キリスト教思想史2』教文館、二〇〇〇年、四二四—四三八頁を参照。
(5)Karin Metzler, *Origenes Band 1/1 - Die Kommentierung des Buches Genesis*, Berlin: De Gruyter, 2010, S.30.
(6)『オリゲネス』、九五頁、Fürst, *Origenes* 7, S.203-204.
(7)以下は Fürst, S.3-34, 162-191 及びその巻末に掲載された教父たちの証言による。
(8)「教皇ダマススへの手紙(*Epistula* 18AB)」。T. P. Scheck は、この手紙の中に引用されているテキストはオリゲネスの『イザヤ書説教』だという見解に立つが(St. Jerome, *Commentary on Isaiah*, New York: Newman Press, 2015, p.929)、一方 Fürst によれば、そのテキストが『イザヤ書説教』の言葉遣いと異なることから、この手紙に用いられているテキストはオリゲネスの『イザヤ書注解』の一部だという見解に立つ(Fürst, S.18-20)。
(9)オリゲネスを支持したアレクサンドリアの教理学校のピエリオスのもとで学んだパンフィロスが、ディオクレティアヌス帝及びマクシミアヌス帝の迫害によって投獄された三〇七—三〇九年頃に獄中で書いた著作。パンフィロスがこの作品を著した背景には、三〇〇年頃、メトディオスなどの人物が、オリゲネスの復活理解や魂についての見解に対して批判する作品を著したことにある。パンフィロスの殉教によってこの作品は未完に終わったが、この著作を初めから手伝っていた彼の弟子エウセビオスが残りを完成させた。元々この作品は全六巻から成っていたとされるが、再びオリゲネス論争が激化した時代にルフィヌスがラテン語訳した（三九七年頃）のは、最初の第一巻だけである。その内容はこの著作のタイトルに相応しく、オリゲネスの作品からの引用と共に、オリゲネスの父・子・聖霊理解、復活理解、魂の先在、といったオリゲネスの神学理解の幅広い弁明である。

（10）ヒエロニムスの『イザヤ書注解』等における証言によるが、さらにその写本に応じて、オリゲネスの『イザヤ書説教』の数の違いが生じている。

（11）エウセビオス『教会史2』山本書店、二〇〇頁を参照。

（12）同、一九八頁を参照。

（13）Metzler, S.XXV.

（14）PG 13 = Patrologiae cursus completus, Paris. Series Graeca 13, 1857.

（15）『オリゲネス擁護論』のテキストは、Delarue（一七五九年）による出版に始まり、ミーニュ全集にも収められている（PG 17）。近年になり、P. Nautin や M. Simonetti によって批評的な立場から研究と校訂作業が進められ、R. Amacker と É. Junod による校訂版（二〇〇二年）が SC シリーズに収められた。FC は SC のテキストの借用である。

（16）Manlio Simonetti, *Biblical Interpretation in the Early Church*, Edinburgh: T&T Clark, 1994, pp.39-40.

（17）Peter W. Martens, *Origen and Scripture - The Contours of the Exegetical Life*, Oxford: Oxford University Press, 2012, pp. 44-47 を参照。

（18）説教二・1からもその事情が窺える。

（19）『諸原理について』、三〇〇頁。
（20）同、二八九頁。
（21）『オリゲネス』、一〇一頁。
（22）Simonetti, p.43.『イザヤ書説教』においても、聖書解釈における三つの区分をはっきりとした形で指摘することはできない。
（23）Ibid., p.46.
（24）R. P. C. Hanson, *Allegory & Event: A Study of the Sources and Significance of Origen's Interpretation of Scripture*, Richmond: John Knox Press, 1959を参照。ハンソンは、フィロンとクレメンスのアレゴリーによる比喩的解釈を引き継ぐオリゲネスを酷評する（Ibid., pp.120, 371）。
（25）オリゲネス『ヨハネによる福音注解』、三二九頁。
（26）オリゲネス『雅歌注解・講話』、二七一頁。
（27）出村みや子『聖書解釈者オリゲネスとアレクサンドリア文献学――復活論争を中心として』知泉書館、二〇一一年を参照。出村は、同じヘレニズムの都市であるアレクサンドリアの文献学とペルガモンの文献学とを比較し、オリゲネスの聖書解釈を評価する。
（28）出村みや子前掲書、五四、五八、六九頁。
（29）出村みや子前掲書、五三―六〇頁、一一九頁。
（30）『諸原理について』、四七―四八、三六九頁、Martens, pp.127-131を参照。
（31）『諸原理について』、七六頁以下を参照。
（32）Frances M. Young, *Biblical Exegesis and the Formation of Christian Culture*, Cambridge: Cambridge University Press,

1997, p.80 を参照。

（33）Ibid., p.162.

（34）出村彰・宮谷宣史編『聖書解釈の歴史』日本キリスト教団出版局、一九八六年、一五五―一五七頁、Young, pp.180-182 を参照。

（35）Ibid., p.166.

（36）初めテオフィロスはオリゲネスを支持していたが、オリゲネス派の隠修士に対する教会政治的な諸事情により、彼を激しく断罪するようになった。

（37）底本は、*S. Hieronymi Stridonensis presbyteri tractatus contra Origenem de visione Esaiae*, A. M. Amell: [In Esaiam 6:1-7], in: G. Morin, AMar III/3, Maredsous/Oxford 1903, XVIII-XIX. 103-122 (Fürst, S.330-365).

（38）Fürst, S.181.

（39）Ebd. S.332.

（40）Ebd.

（41）Ebd. S.182.

（42）Ebd. S.338.

（43）Ebd. S.342.

（44）Ebd. S.184.

（45）Ebd. S.334-336.

（46）Young, pp.192-193 を参照。ヤングによれば、タイポロジカル解釈とアレゴリカル解釈の明確な区別が文献上で提唱され始めたのは、アレゴリーに対する嫌悪感が高まった宗教改革以後だとされる。

（47）P・D・ハンソン『現代聖書注解　イザヤ書40―66章』日本キリスト教団出版局、一九九八年、一九八、二〇八頁。

（48）Hanson, pp.13-14を参照。

（49）Ibid., p.17.

（50）Young, pp.176, 189.

（51）アウグスティヌス『ヨハネによる福音書講解説教（1）』教文館、一九〇頁、他。現在の理解によれば、「葦の海」（出15・4、他）を意味するסוףは必ずしも紅海を意味しない。だが教父たちは七十人訳聖書の影響も受けて、סוףを紅海（Ἐρυθρὴ θάλασσα）として理解した。

（52）Young, p.166.

（53）Hanson, pp.370-372.

（54）Young, p.162.

（55）Ibid., p.210.

（56）Ibid., p.211を参照。

（57）Ibid., pp.162以下を参照。

（58）Ibid., pp.167以下を参照。

（59）Ibid., p.296.

（60）『聖書解釈の歴史』、一三八―一四〇頁を参照。

参考文献一覧

◉底本・聖書翻訳・辞典等

Biblia Hebraica Stuttgartensia (Stuttgart: Deutsche Bibelgesellschaft, Editio quinta, 1997).

A. Rahlfs, *Septuaginta* (Stuttgart: Deutsche Bibelgesellschaft, 1935. Editio altera ed. by R. Hanhart, 2006).

Nestle-Aland, *Das Neue Testament: Griechisch und Deutsch* (Stuttgart: Deutsche Bibelgesellschaft, 27. Auflage, 1986).

Weber-Gryson, *Biblia Sacra Vulgata* (Stuttgart: Deutsche Bibelgesellschaft, 1969. Editio quinta, 2007).

Septuaginta Deutsch: Das Griechische Alte Testament in deutscher Übersetzung (Stuttgart: Deutsche Bibelgesellschaft, 2009).

F. Brown, S. Driver, C. Briggs, *The Brown-Driver-Briggs Hebrew and English Lexicon* (Strong's numbering was added by Hendrickson Publishers, 2003).

W. L. Holladay, *A Concise Hebrew and Aramaic Lexicon of the Old Testament* (Leiden: Brill, 1971).

J. Lust, E. Eynikel, K. Hauspie, *Greek-English Lexicon of the Septuagint* (Stuttgart: Deutsche Bibelgesellschaft, Revised Edition, 2003).

W. Bauer, *Griechisch-deutsches Wörterbuch zu den Schriften des Neuen Testaments und der frühchristlichen Literatur* (6., völlig neu bearbeitete Auflage von Kurt Aland und Barbara Aland, Berlin: de Gruyter, 1988).

◉オリゲネスの著作

小高毅訳、オリゲネス『諸原理について』創文社、一九七八年。

Eingeleitet und übersetzt von Karin Metzler, *Origenes Band 1/1 - Werke mit deutscher Übersetzung - Die Kommentierung des Buches Genesis* (Berlin: De Gruyter, 2010).

Eingeleitet und übersetzt von Alfons Fürst, *Origenes Band 7 - Werke mit deutscher Übersetzung - Die Homilien zum Ersten Buch Samuel* (Berlin: De Gruyter, 2014).

Eingeleitet und übersetzt von Alfons Fürst und Christian Hengstermann, *Origenes Band 10 - Werke mit deutscher Übersetzung - Die Homilien zum Buch Jesaja* (Berlin: De Gruyter, 2009).

Translated by Thomas Scheck, St. Jerome, *Commentary on Isaiah*: Including St. Jerome's Translation of *Origen's Homilies 1-9 on Isaiah* (Ancient Christian Writers, New York: Newman Press, 2015).

Translated by Joseph T. Lienhard, S.J., Origen, *Homilies on Luke* (The Fathers of the Church 94, Washington, D. C.: The Catholic University of America Press, 1996).

小高毅訳、オリゲネス『雅歌注解・講話』創文社、一九八二年。

小高毅訳、オリゲネス『ヨハネによる福音注解』創文社、一九八四年。

◉教父の著作

Übersetzt und eingeleitet von Georg Röwekamp, Pamphilus von Caesarea, *Apologia pro Origene*, Turnhout: Brepols, 2005.

茂泉昭男・岡野昌雄・泉治典・水落健治・金子晴勇・木谷文計・大島春子訳、アウグスティヌス『アウグスティヌス著作集　第23—25巻——ヨハネによる福音書講解説教（1）—（3）』教文館、一九九三年.

Edited by Thomas C. Oden, Mark W. Elliott and Steven A. McKinion, *Ancient Christian Commentary on Scripture - Old Testament X, XI - Isaiah 1-39, 40-66* (Downers Grove, Il.: InterVarsity Press: 2004, 2007).

小高毅編『原典　古代キリスト教思想史　1 初期キリスト教思想家』教文館、一九九九年.

小高毅編『原典　古代キリスト教思想史　2 ギリシア教父』教文館、二〇〇〇年.

小高毅編『原典　古代キリスト教思想史　3 ラテン教父』、教文館、二〇〇一年.

小高毅編『シリーズ・世界の説教　古代教会の説教』教文館、二〇一二年.

秦剛平訳、エウセビオス『教会史 1—3』山本書店、一九八六—一九八八年.

◉その他

小高毅『オリゲネス　人と思想113』清水書院、一九九二年.

P・D・ハンソン『現代聖書注解　イザヤ書40—66章』北博訳、日本キリスト教団出版局、一九九八年.

出村みや子『聖書解釈者オリゲネスとアレクサンドリア文献学——復活論争を中心として』知泉書館、二〇一一年.

Peter W. Martens, *Origen and Scripture: The Contours of the Exegetical Life*, Oxford: Oxford University Press, 2012.

梶原直美『オリゲネスの祈禱論――「祈りについて」を中心に』教文館、二〇一七年.

R. P. C. Hanson, *Allegory & Event: A Study of the Sources and Significance of Origen's Interpretation of Scripture*, Louisville: Westminster John Knox Press, 2002 (Originally published: Richmond: John Knox Press, 1959).

Manlio Simonetti, *Biblical Interpretation in the Early Church: An Historical Introduction to Patristic Exegesis*, Edinburgh: T&T Clark, 1994.

Frances M. Young, *Biblical Exegesis and the Formation of Christian Culture*, Peabody: Hendrickson Publishers, Inc. 2002 (Originally published: Cambridge: Cambridge University Press, 1997).

出村彰・宮谷宣史編『聖書解釈の歴史――新約聖書から宗教改革まで』日本キリスト教団出版局、一九八六年.

ジェームズ・I・パッカー『ピューリタン神学総説』松谷好明訳、一麦出版社、二〇一一年.

日本基督教団讃美歌委員会編『讃美歌21略解』日本キリスト教団出版局、一九九八年.

後記

この度、オリゲネス『イザヤ書説教』を翻訳するに至ったことの発端は、もう二年以上前のことになります。わたしが仕える教会の聖書研究祈禱会において、イザヤ書を学ぶことになりました。その際に、現代の聖書解釈と合わせて、それとは全く異なる古代教父の解釈を紹介しつつ自分でも学んでいきたいと思いました。そこで、東京神学大学の学生時代にお世話になった関川泰寛先生に相談したところ、オリゲネスの著作集がドイツで刊行中ということを伺いました。そして、幸いにもオリゲネス『イザヤ書説教』がすでに刊行されていることが分かったのです。早速、東京神学大学の図書館に借りに出かけたものでした。初めは出版のことは夢にも思わなかったのですが、オリゲネスの独特な聖書解釈を周囲に紹介している内に、出版を勧めてくれる方もおられ、こうして今、出版が実現した次第です。

わたし自身、実際にオリゲネスの著作を手に取って読んでみたのはそれほど昔のことではないのですが、しかし、オリゲネスにはそれ以前から思い入れがありました。東北大学に在学中に、「オリゲネス『諸原理について』を読む会」なるものの案内チラシが掲示板に張ってあったのを覚えています。わたし自身はそれに参加しなかったのですが、オリゲネスとはどういった人物なのか、初めて興味を抱いた瞬間でした。また、ヨーロッパ史の講義の中で、オリゲネスの『ケルソス駁論』の話を聞き、オリゲネスへの関心は高まりました。さらに、東京神学大学の最初の学年であったと思いますが、関川先生が現代でも十分通用すると紹介されたオリゲネス『雅歌注解』について聞き知り、さらに一層オリゲネスへの関心を強めました。今から思うと、わたしは信仰を持つ以前からオリゲネスの名に親しんでいたことになります。

この場を借りて、これまでお世話になった方に対して、感謝を表明したいと思います。もちろん、お世話になった方たちは多すぎて、すべての方に対して感謝を表明することはできません。

まず、東京神学大学の関川泰寛先生に感謝します。関川先生には、お忙しい中に時間をとっていただき、ご指導と監修の作業をしていただきましたことを心より感謝申し上げます。また神学校卒業以来、わたしはほとんど学問的な学びの場から遠ざかっておりましたが、二年ほど前から東京神学大学大学院博士課程の学びの列に加えさせていただき、多くの学生・研究者たちの研究成果や知識に触れることができていますことを感謝申し上げます。

また、この翻訳作業を通して、オリゲネス研究の第一人者、カトリック教会の小高毅神父とお会いすることができ、さらに、いろいろご指導を賜わることができたことを感謝申し上げます。近年の出版事情により、現在、小高先生のオリゲネスの翻訳書がなかなか入手困難となってしまっていますが、わたしも小高先生による翻訳書の再版を待ち望んでいる読者の一人であります。

そして、誰よりも先に最初の段階における日本語訳の原稿を丁寧に読んでいただいた、東京神学大学の同窓生であった松浦治氏に感謝申し上げます。

日本キリスト教団出版局の企画会議において、審査してくださった先生方、そして、編集部の土肥研一氏に心より感謝申し上げます。

二〇一八年　五月

堀江　知己

監修　関川泰寛（せきかわ やすひろ）

1954年、東京生まれ。
エディンバラ大学神学部卒業
東京神学大学大学院博士課程前期課程（組織神学専攻）修了。
現在、東京神学大学教授（歴史神学担当）、日本基督教団大森めぐみ教会牧師。

翻訳・解説　堀江知己（ほりえ ともみ）

1979年、前橋生まれ。
東北大学文学部人文社会学科（社会学専修）卒業
東北大学文学部大学院文学研究科（ドイツ文学専攻）中退
東京神学大学大学院博士課程前期課程（聖書神学専攻）修了。
日本基督教団堺教会の伝道師・副牧師、福島教会牧師、能代教会牧師を歴任、
2014年4月より前橋中部教会牧師。

オリゲネス イザヤ書説教

2018年 5月25日　初版発行

監修　　　　関川泰寛
翻訳・解説　堀江知己

発行　日本キリスト教団出版局
〒169-0051
東京都新宿区西早稲田 2-3-18
電話・営業 03(3204)0422
　　　編集 03(3204)0424
http://bp-uccj.jp

印刷・製本　三松堂

ISBN978-4-8184-0988-0　C3016　日キ販
Printed in Japan